Yo conozco a Javier...

¿y Usted?

Paloma de Pablo Pascual

Para mi hija Sonia, que, a pesar de nuestros aciertos y errores, seguimos aprendiendo a vivir, y que, aunque no se lo crea,   si mil vidas viviera, mil veces la volvería a parir. Por ella todo y todo doy por ella.

Orgullo es lo que siento cuando te miro. Tú llenas de Amor mi ser.

Gracias a Fernando. Nano para mí. Mi media naranja, mi compañero de vida entera. No sabes cuánto mueves a esta familia, sin poderte mover. Calma, Respeto, Bondad, Inteligencia, Amor. Eso eres tú.

Qué difícil es ser padres, a cualquier edad de los hijos, de bebes no los entiendes, y de mayores hay momentos que aún menos.

Con pocos días de vida ya se han convertido en el centro de tu preocupación. Desde antes de que nazcan, ya deseas la mejor vida para ellos y ese empeño, para que sea así, no cesará nunca. Pero a lo largo de sus años, por mucho que uno lo desee, no siempre está en tus manos el que encuentren la felicidad.

Con pocos meses, cuando todavía no saben hablar, lloran para decirte que algo va mal. Cuando son mayores, aunque no te lo quieran contar, pero les oyes llorar a través de la puerta de su habitación, sabes que algo va mal, muy mal. ¿Y qué hacen entonces los padres?

Escuchar al corazón y equivocarte o acertar. Yo todavía no sé lo que he hecho.

Agosto 2014.

_ Fernando, viene mañana Sonia a la playa, va a pasar unos días con nosotros, procuraremos estar bien, tenemos que recuperar su cariño y volver a ser la familia tranquila y unida que éramos antes. Yo tendré que olvidar muchas cosas para poder estar bien con ella y tú tendrás que hacer un esfuerzo físico para salir de casa, para tenerla distraída y que nos vayamos tranquilizando.

Podíamos ir mañana al restaurante italiano que la gusta tanto y luego al Centro Comercial de tiendas, me apetece mucho volver con ella a comprarse ropa o zapatos, reírnos dentro de los probadores al vernos nuestros tipos...y sentirnos de nuevo unidas, ¡hace tanto que no lo estamos!. Viene con la Mini, espero que se porte bien y no venga todo el camino maullando. Vamos a intentarlo, no va a ser fácil, pero ya toca pasar página y volver a ayudarnos.

****

_ Sonia, ¿no quieres más pizza?, está todo riquísimo. ¿Qué tal en casa estos días? Te vemos bien hija. Sabemos que ha sido duro para ti el haber roto con Charly.

Entendemos que para ti es muy importante tener una pareja, que te gusta la idea de compartir tu vida con alguien, y nosotros estamos de acuerdo y también lo deseamos, pero solo te pedimos entonces que busques a alguien bueno, que te valore, te respete, te sume y te quiera..

_ Mamá, ya lo he encontrado. Es una persona estupenda, creo que puede ser el hombre de mi vida, es muy bueno, tenemos muchas cosas en común a pesar de la diferencia de edad, tiene 33 años, 8 más que yo y no voy a contaros ya mucho más, no empieces ya con tus mil preguntas, estoy bien, nos hemos empezado a conocer y me gusta, no os preocupéis, solo añadir su nombre, Javier y que es del barrio.

Que mal lo paso en el psicólogo, ¿por qué tengo tanto odio y dolor dentro que siempre salgo llorando? Hoy he venido con Charly, la psicóloga quería conocerlo, sabe que esta relación es complicada, la sesión ha sido dura, a la salida nos ha abordado un chico que ya le había visto un par de veces en la calle esperando, creo que es el paciente que va detrás de mí.

Se le ve una mirada triste también, unos ojos azules que no parecen mirar el cielo. Alto, delgado, la psicóloga me ha dicho algunas veces, que tiene otro cliente que se parece mucho a mí, que tenemos el mismo carácter, que es una persona buena pero atormentado, lleva poco tratándole, pero ahora sé que es él.

Hemos estado un rato los tres hablando, le he contado que soy veterinaria y me ha pedido el teléfono por si se entera de algún trabajo. Charly se ha mosqueado mucho, ya le ha salido su vena de celoso y después me ha liado otra de sus megas broncas. Yo no he creído que fuera para tanto, me ha parecido un chico agradable y cercano, muy hablador eso sí, pero majo. Se llama Javier y es del barrio.

¡No me lo puedo creer, hoy me ha llamado! Mi relación con Charly llega a su fin, Estoy mal y me jode como ha terminado. Es posible que mi familia y amigos tengan razón y que es una persona tóxica que no me conviene, ya me ha complicado mucho la vida, mis padres no le van a tragar nunca y eso es algo que me importa, aunque a veces pienso que no debería hacerles tanto caso, en el fondo imagino que lo hacen por mi bien, y quieren a una persona buena a mi lado, pero ya hemos discutido bastante, me lo ha destruido todo.

No sé el porqué la llamada de Javier me ha ilusionado tanto, quizás veo una salida a todo.

Me ha entrado directamente, diciendo que si quería quedar para tomar algo. Que se había fijado en mí un día al salir de la terapia y en la siguiente ocasión de verme, fue cuando me saludó, el día que iba con Charly. ¿Qué pierdo con probarlo? Me he sentido de nuevo ilusionada, estimada, mujer, guapa y me he arreglado para vernos, ahora me doy cuenta, que hace mucho tiempo que no me maquillaba, hoy es 18 de Julio, y el verano es para pasarlo en grande, no para estar en casa llorando.

Cenamos, hablamos mucho y es verdad que tenemos mucho en común, se le ve buen chico, ha tenido una novia con la que terminó mal después de muchos años, tiene piso propio, pero sigue en casa de sus padres, su madre está muy delicada y él les ayuda en todo. Lo pasamos bien, y quiere que nos sigamos viendo, por qué no intentarlo....

_ Mamá, ya sabes todo lo que debes de saber. De momento ni yo quiero meterle en la familia, ni él a mí en la suya. Le ha pasado un poco como a mí. Sus padres lo pasaron mal cuando dejó a la novia, eran ya familias conocidas y sufrieron al tener que dejar de tratarlos, ahora le dicen que nada de prisas, y que no tienen intención de conocerme de momento.

_ Lo respeto hija, pero esta circunstancia es distinta, lleváis 5 meses, y aunque nosotros aún no le conocemos, pienso que ahora que van a operar a su madre y que es algo muy grave, de lo que a lo mejor no salga, creo que deberías conocerles y apoyarles.

Yo si estuviera en su lugar, preferiría saber con qué tipo de mujer está mi hijo, quedarme tranquila y ver que va a ser feliz. Tu eres una niña encantadora y a su madre seguro que la gustas, además de que así podrías ayudarles en algo.

_ Ya mamá, si también lo he pensado, me gustaría compartir este momento duro con ellos, sobre todo por Javier que le veo muy angustiado, he pensado comprarla un ramo de flores y llevárselas al hospital. Me gustaría dárselas junto con un beso y decirles que cuenten conmigo si necesitan algo. Quiero mucho a Javier y no quiero que se sienta nervioso y tranquilizarlo, lleva unos días que no duerme y le veo fastidiado. He quedado luego con él a ver qué le parece, luego te cuento, voy a comprar el ramo.

_ Javi. Estoy ya aquí, he aparcado cerca del Hospital.

_ Te dije que no vinieras, que no hacía falta, pero vale espérate ahí que ahora bajo a verte un rato.

_ Javi, dime en que habitación estáis y subo yo. No dejes a tu madre sola.

_ No, espera ahora te cuento....

_ Hola Cariño, como estáis, dame un beso.

_ Mira Sonia, creo que es mejor que hoy no te conozcan, no es el momento, mi madre no quiere que la veas en este estado, ya buscaré otra ocasión, no te preocupes, ya lo planearé más adelante, que flores tan bonitas, ahora se las doy de tu parte, me subo ya que está sola con mi padre y les he dicho que no iba a tardar mucho.

Luego te llamo, ya nos veremos cuando pueda, voy a estar unos días muy liado, sabes que ahora lo primero es ella. Pasaremos las fiestas de Navidad con mi padre y mi hermano aquí en el hospital, y en cuanto se reponga nos la llevamos al pueblo o algún viaje por ahí, donde ella quiera, para animarla y que se olvide de todo esto.

Tú no te preocupes, pásalo bien y tranquila con tu familia. Descansa y ya nos vemos cuando todo haya pasado. Dame un beso, te quiero mucho amor, ten cuidado.

_ Yo también te quiero.

_ Mamá que bien lo hemos pasado. Han sido pocos días, pero los hemos aprovechado, hemos subido a Valencia y le he llevado al Oceanográfico, le he enseñado todo, he visto a mis antiguos compañeros y nos han dejado entrar por todos lados. Está todo precioso, también hemos ido a ver las fallas a Gandía, no hemos parado en todo el día. El apartamento estaba bien, no te preocupes mamá, a Javier le ha encantado, dice que está decorado con mucho gusto, que no se lo imaginaba así y que te de las gracias por habérnoslo dejado.

_ Me alegro mucho, para eso está, ojalá pudierais ir más a menudo, para descansar y disfrutarlo. Le has preguntado si puede venir al bautizo de Manu, tengo que llamar a tu prima para decirle cuantos vamos a ir, ya tiene el peque 4 meses, tiene que estar muy guapo.

_ Sí se lo he dicho, pero no puede, se va de viaje con sus padres y su hermano.

_ Sonia, cuéntame cómo es Javier, ya han pasado varios meses y seguimos sin conocerlo. ¿Qué tal está? ¿Se va haciendo a estar solo en su casa o sigue viviendo en el chalé con sus padres?

_ Al piso apenas va, yo no lo entiendo con lo bonito que lo tiene, tampoco me ofrece el compartirlo conmigo, dice que le trae malos recuerdos, no se siente cómodo allí o es que está más enmadrado de lo que pensaba. Voy a comprar sabanas, cosas de casa y algún adorno, a mí me hace ilusión que la casa esté bonita y espero que él se anime y empiece a disfrutarlo.

Voy a decirle que venga aquí a casa y te cuelgue el armario del baño y así os conoce. Se le da muy bien las ñapas, él se ha reformado todo su piso, ha tardado años, por eso no entiendo que no quiera estar allí ahora, en su casa, con el tiempo y trabajo que le ha costado. Qué pena de piso. Vente conmigo a comprar las cosas, que hoy quedo con él y voy a llevárselo.

****

_ Hola Javier, pero que alto eres, teníamos ganas de conocerte, pasa a ver a Fernando, está en su sillón, disculpa que no se levante a saludarte, sabrás que no puede. ¿Hija donde has encontrado un chico tan guapo? ¡Uy que abrazo! Este chico se le ve cariñoso, ¿Qué tal están tus padres? ¿De verdad que no te importa colgarnos el armario? Se ha empeñado Sonia en comprarlo, pero yo no me atrevo a hacer los agujeros... ¿Quieres tomar algo? ¿Te quedas a comer con nosotros?

_ No, me voy que he quedado a comer con mi familia, otro día en todo caso.

****

¡Qué contenta veo a Sonia! Hacen buena pareja, se le ve entrañable, me ha dado al despedirse un montón de besos y abrazos, a Sonia la va a venir bien este cariño, a ver si la cosa va para delante y empiezan a compartir ya algo. La veo ilusionada, es lo que ella siempre ha buscado.

_ Mamá, que bonito es Asturias, hemos llegado bien, está todo nevado y el paisaje es precioso, ahora te mando unas fotos, verás que chulas, va a ser un palizón para solo tres días, pero merece la pena por ver esto. A ver si rodeados de naturaleza, nos relajamos un poco. Javi está muy estresado con el tema de su madre, está bien la mujer, pero él sigue siempre preocupado, sale a llamarles 4 o 5 veces al día, le veo muy obsesionado. Ya me ha dicho que el próximo fin de semana se van todos al pueblo, a ver cuando me invitan a ir a mí, pero es difícil si todavía ni los conozco.

El mes que viene se vuelve a ir con sus padres y su hermano de viaje, yo para no quedarme sola en casa, me iré con vosotros a la playa. Cuando no es el trabajo, es el pueblo, cuando no un viaje....que ganas tengo de pasar más tiempos juntos, me temo que con estos tres días me voy a tener que conformar. Él dice que no tenga prisa, que todo llegará, que a ver cuándo encuentra un buen momento para presentarme...pero nunca llega. Te dejo mamá, nos vamos a cenar.

_ Veo que llega el verano y me veo sola, Javier ya me ha dicho que no tiene vacaciones, que va a tener que trabajar. No soporto la idea de pasar aquí todo el verano, estaré yendo y viniendo a la playa, en Madrid no queda nadie, menudo rollo. He discutido con él, cada día nos vemos menos, entre el trabajo, su madre, el pueblo y que sigue liado con la mierda de los coches, a ver si vende ya alguno, llevo meses diciéndole que tiene que parar, está cada día más estresado, le he dicho que podía dedicarme más tiempo, poder hacer cosas juntos, ir al cine o de compras, me gustaría ir con él, pero todo es imposible.

Dice que tiene que dejar guapo uno de los coches para venderle, y está todo el día montando y desmontando el motor, a ver cuándo se quita esas mierdas de encima, y podía comprarse uno nuevo, que dinero tiene.

Voy ahora cuatro días a la playa con vosotros y la segunda quincena de julio, la paso allí también. Él no quiere planear nada para el verano, que desesperación mamá, luego si tendrá días libres para irse otra vez con sus padres. Qué pena mamá...

_No llores hija, no llores.

_ Sonia, por fin vas a estar más días seguidos aquí, no puedes hacer tantos viajes solo para venir el fin de semana, me da miedo tantos kilómetros con el coche, el gasto que tienes y el mal viaje que te da la Mini maullando y estresada, no lo veo normal.

Encima cuando estás aquí, tampoco te vemos contenta y sabemos lo que te aflige.

Ya habéis hecho un año y la situación es la misma, y encima me dices que ni habéis celebrado su cumpleaños juntos, con la ilusión que te hacía y el trabajo y tiempo que has gastado en hacerle el regalo, me gustó mucho como te quedó, aunque en fotos no es lo mismo, tuviste muy buena idea en hacerle un reloj de sobremesa con un pistón de motor de coche.

Seguro que me la has liado en la terraza de casa con el aerosol pintándolo, y la que liamos las dos el mes pasado por todos los desguaces para encontrar uno. Ahora que, nos reímos un rato.

Espero que por lo menos lo haya sabido apreciar y le haya gustado.

_Sí mamá se lo di, pero tenía que irse al pueblo, nada me sale como yo he planeado.

Nos vimos solo un rato. Apenas nos vemos en su piso, está siempre cansado o de médicos, no duerme bien, le han hecho pruebas de sueño y le han dicho que sufre apneas, tiene que dormir conectado a un aparato, ya ha empezado a usarlo, da impresión el verlo con él puesto, pero a mí eso me da igual, yo quiero pasarlo a su lado, pero no hay manera.

Dice que, si no descansa, no puede luego rendir en el trabajo y otro y otro fin de semana que pasamos sin vernos.

Es curioso, pero solo paso con él los miércoles por la noche, debe de ser el día que está menos cansado. Por la mañana me levanto con él cuando se va a trabajar y yo me voy para casa, pues no tengo aún las llaves y así dejamos el piso cerrado.

Bueno, ¿te vienes conmigo a dar una vuelta, que quiero comprarle unas alfombrillas para los baños?

****

Fernando, que lástima seguir viendo a la nena así, mírala, se va para la playa sola, dice que luego vendrá a la piscina con nosotros un rato. Con la silla de ruedas, no podemos ir con ella, por eso me da más rabia que Javier no la esté nunca acompañando.

Yo esto no lo veo, no entiendo que no le apetezca estar el mayor tiempo posible a su lado. Que siempre tenga una excusa para no disfrutar más tiempo juntos y seguir alargándolo todo.

Me atreví a mandarle un WhatsApp hace dos días para felicitarle por su cumple y ver si así se abre a nosotros, poder conocerle más y estrechar lazos, pero todo está distante y ya han hecho más de un año.

A Sonia no la veo conforme, me ha contado que cuando habla o discute con él para pedirle explicaciones, la dice que se calme y la asegura que lo que necesita es tiempo, la promete que todo llegará, que es una impaciente que lo quiere ya todo, y ella, aunque se enfada y protesta, se aguanta y todo sigue de la manera que él quiere.

La aconsejo que tenga paciencia si lo que quiere es continuar, que es un chico con problemas, esa dependencia que tiene de la madre, va a ser difícil de superar. Sonia se siente rechazada claro y de segundo plato, pero discutiendo no va a conseguir nada, tiene que entenderlo como una situación complicada y saberlo llevar.

****

_ Mamá, me acaba de llamar Javi, que le dan tres días libres en el trabajo y ha cogido un hotel para pasarlo conmigo en Roquetas, dice que me vaya yo desde aquí y que él sale de Madrid en un rato. Ahora todo deprisa y corriendo, y yo desde Gandía tengo por lo menos 5 horas. Pero me apetece tanto verle...a ver si podemos acabar bien el verano.

No os importa que me vaya, aunque mamá lo siento por ser hoy tu cumpleaños.

_ Los tres días discutiendo, se iba a la calle cada dos por tres a llamar a sus padres o al trabajo. Estaba nervioso, arisco y no hemos descansado, ha sido para mí una paliza de kilómetros para nada. Ahora me arrepiento de haberle hecho caso, yo para él estoy siempre dispuesta, pero él ya me ha avisado de que no tiene más días libres y de que los fines de semana va a tener que ir al pueblo todo el verano, van a hacer obras y los padres le han liado otra vez, me están tocando las narices, me da mucha rabia que no le dejen descansar y eso que le ven agotado.

Yo no aguanto allí en casa sola, me vendré a la playa de vez en cuando. Ya sé que no os gusta que me haga tantos viajes, pero tengo que distraerme y no darle vueltas al panorama que se me está presentando. ¿Qué tal se ha portado la Mini?, pobrecita, la he echado de menos, ven cariño, ven gatita, te he traído unas chuches de regalo.

_ Tranquila hija, por favor, descansa.

_ No puedo más mamá, estoy agotada de luchar tanto, llevo todo mal, no cumplo bien en el trabajo. Javier me hunde, está siempre desanimado, no tiene ganas de remontar lo nuestro, y yo sola no puedo tirar del carro, todo esto me desespera y cuando se lo digo, discutimos y solo sabe decir que no estamos en nuestro mejor momento, y que es mejor dejarlo.

Me paso el día como loca, no me encuentro centrada, he pedido hora con Ángel para una sesión de Reiki, me han dicho que viene bien para restablecer el ánimo, necesito ayuda, él no me la da, y yo siento que sola no puedo solucionarlo.

No salgo ni con las amigas de la Universidad, ni con Ana, pues ellas van todas con sus novios y yo siento cierta envidia y me veo como si me faltara algo. La Single del grupo parezco. Siempre excusándole delante de todos por no estar, ya ni lo entienden, y no me extraña, por eso ni salgo.

Ya hasta me alegro de tener urgencias a cualquier hora del día o la noche en la clínica, por lo menos hago algo.

****

Fernando, desde que hemos vuelto de la playa, no veo bien a la niña, que tristeza tiene, ya no sé cómo animarla, pasamos las horas charlando, pero no remonta, solo ve lo que ha perdido y sigue sin saber estar sola. Miedo me da otra vez meterme y salir mal parada, pero tengo que hacer algo, es posible que ella haya sido impaciente y no haya entendido la dimensión que tiene el problema de la dependencia de Javier con su madre.

Si este chico tiene ese enganche con la familia, el apretarle no es lo más recomendado, lo he pensado mucho y voy a atreverme a escribirle un WhatsApp, creo que el también necesita ayuda. No sé si servirá de algo.

20 DE SEPTIEMBRE DE 2015.

Hola Javi. Nada más lejos de mi intención el meterme en tu vida. Pero en estos momentos por los que estas pasando, siento que tengo que decirte algo. El día que nos conocimos aquí en casa, ese beso y abrazo que me distes, me devolvió el alma. Apareciste en el peor momento de nuestra vida. Sonia llevaba 2 años sufriendo malos tratos, han sido los peores años que hemos vivido, ella se quedó dañada y resentida, tú la sacaste poco a poco de eso y siempre te estaré agradecida, por eso estas letras,

33

pues deseo de corazón que mejores y veas la luz en todos tus días.

En esto consiste la vida, un día sufres, pero al siguiente buscas algo de felicidad para seguir adelante, porque solo tenemos una vida y si no la vivimos lo mejor posible, sufrimos nosotros y todos los que tenemos al lado.

Hace poco más de un año, Sonia me dijo que había encontrado al mejor hombre de su vida. Sigo pensando que es cierto. De la suma de algo bueno + bueno...el resultado es lo MEJOR. Y así sois vosotros, no tengo dudas.

Sonia no sabe amar de otra manera, quizás el ejemplo que tiene en casa de verme cuidar en todo a

Fernando, la haga pensar que es la mejor forma de llevar una pareja y resulta agobiante, pero no es su intención. Solo eso, se vuelca, da ayuda, se sacrifica...pero también irá aprendiendo.

Siento mucho que no os hayáis podido ayudar el uno al otro, pero ahora lo importante es ayudaros a vosotros mismos. El tiempo todo lo cura, el dolor se mitiga, solo hay que ponerse metas, tener ilusiones y afrontar los problemas. A veces nos creemos que somos fuertes y podemos con todo, pero hay momentos que se necesita de alguien que te escuche, te entienda o te de ese abrazo como el que tú me diste.

Ponle ganas Javi, tienes todo en tus manos para cogerlo cuando tú quieras. Sana tu cuerpo, sana tu alma y empieza a vivir la vida. A pesar de lo mal que vemos a Sonia, no albergamos rencor, solo tristeza. Espero no haberte molestado. Javi mucha fuerza. Te deseo lo mejor. Y un gran abrazo.

Muchas gracias por los ánimos y por estas palabras, que sepas que me has hecho llorar. Estoy muy sensible con todo últimamente, y a la vez a la defensiva. Te puedo decir que no entiendo como he podido llegar a este punto, pero entre lo de mi madre, la racha de no dormir, el trabajo, mis pruebas, operación, mis miedos y fantasmas del pasado, etc. se ha hecho una bola tan grande que no veo fin a todo esto, creo que he tocado fondo, sé que no tengo un problema grave, pero estoy saturado con todo lo ocurrido y me está pasando factura. Sonia no tiene ninguna culpa de lo que me está pasando y se está llevando la peor parte, estoy en un momento de mi vida que sigo por inercia con las cosas, sin ilusión ni ganas y me jode mucho tener que estar así y pagarlo día a día con Sonia, ella no se lo merece, sería egoísta por mi parte. Creo que ninguno de los dos estamos en nuestro mejor momento para estar juntos, ella por sus cosas y yo por las mías, porque está visto que chocamos por tonterías y no aguantamos, desconfiamos.... Me duele mucho de verdad porque sé que me quiere mucho y es un cielo y un amor de mujer. Siempre esta súper pendiente de mí y yo en este momento según estoy, a mí eso me agobia, que estén pendientes, que me cuiden...para que veas en qué punto estoy...

Me he apartado de mucha gente de un tiempo a esta parte y eso que yo soy muy social. Creo que necesito ordenar mi cabeza de una vez y poner cada cosa en su sitio y asimilar ciertas cosas en mi vida. Sé que me va a llevar tiempo y la ayuda de un profesional, pero quiero volver a ser el Javi que Sonia conoció, el que tenía ilusión por la vida e intentaba ser feliz con todo lo que tengo y la gente que me rodea.

Siento mucho que vosotros también os llevéis la peor parte, Nunca ha sido mi intención haceros daño, ni a Sonia tampoco créeme. Nos hemos visto muy poco, pero yo siempre me he sentido muy a gusto. Muchas gracias por los ánimos y por todo de verdad de todo corazón.

Javi vas por el buen camino. Lo principal es querer salir, mirar hacia arriba y pedir ayuda, tú te lo mereces. Se lo que son las depresiones, pero créeme que se sale. Nuestra vida no es fácil, pero hemos aprendido a llevarla, por nuestra subsistencia y sobre todo por Sonia. Busca tú también ese motivo que te haga estar bien. Veras que hasta eso con el tiempo resulta fácil. Muchas gracias a ti por tus palabras. Creo que nos hemos juntado varios llorones, pero yo eso no creo que sea malo. Son solo los mejores sentimientos. Siempre he sabido que te has portado muy bien con Sonia y muchas veces incluso la he regañado para que no fuera tan machacona. Su genio estaba alterado desde lo que la paso hace años. Espero que veáis en vuestro interior lo bueno que tenéis y que volveréis a dar. De verdad que te apreciamos y queremos que no toques fondo nunca jamás. Un beso Javi y hasta siempre.

Muchas gracias Paloma, intento caminar poco a poco, pero estoy muy perdido. Un abrazo muy fuerte.

Javi solo piensa en lo bueno que tienes. A tus padres, a tu hermano, amigos, trabajo, salud... sé que ahora nada de eso te anima. Pero es lo que tienes y no puedes perderlo y el estar así te hace irlo perdiendo poco a poco. Agárrate a las cosas con ganas. Suma en tu vida y que nada te reste. Escucha los consejos y déjate ayudar de profesionales. No te cierres pues tú tienes mucho que dar. Todos necesitamos alguna reparación de vez en cuando y ¿se te va a resistir a ti la tuya con lo bien que se te dan las reparaciones? A por ello Javi

Ese es el problema, que creo que he explotado del todo. No estoy bien conmigo mismo, por eso es imposible que este bien con nadie. Es así de duro, pero es verdad. Si es verdad que tengo mucha suerte, pero en el punto en el que estoy no veo esas cosas, por eso necesito un profesional que me ayude con todo esto. Muchas gracias una vez más.

21 DE SEPTIEMBRE DE 2015.

Hola Javi. No dejo de pensar en cómo estas. Anoche cuando llego Sonia a casa pues paso el día con su amiga Ana. La conté algo de lo que hablamos. Entendió muchas cosas y reconoció muchos errores también, si de todo esto se aprende algo y se mejora, bendito sea. No quiero cansarte, pero me gustaría darte algún consejo, escucha música, de la que te hace bailar, sonríe, ve al cine, a nadar, a misa y te llenaras de buenas vibraciones rodeado de gente con fe y esperanza. Háblame cuando quieras, ya sabes que te debo mucho. Javi dale fuerte a los pistones y adelante. Por ti, por tu familia y todos los que te quieren. Hasta cuando quieras. Un beso.

He estado hablando con Sonia a la hora de comer y me lo ha dicho, que entendía muchas de las cosas que me pasan, lo que es un gran alivio para mí, porque la verdad no podía vivir con ese come come, ella por mucho que se lo explicara no lo podía entender y a mí me dolía de verdad.

Muchas gracias por hablar con ella, nos estas ayudando mucho a los dos.

Lo de hacer cosas, lo intento, quiero ir a nadar y montar en bici, pero el trabajo me absorbe mucho, a ver si me voy relajando un poco en el tema laboral y tengo más tiempo para mí. Me ha encantado tu frase de los pistones. Muchas gracias por todo una vez más. Seguimos en contacto.

1 DE OCTUBRE DE 2015.

Ayer volví a saludar a Javi por WhatsApp, siguen sin verse, pero me ha dicho Sonia que algún día han hablado por teléfono. Me contó que él también ha ido a Reiki y que hoy vuelve.

Me he asomado para ver cuando llegaba y le he visto abajo aparcado en la puerta del Centro de Reiki. Se han saludado Ángel y él con un abrazo y ha pasado adentro.

No la voy a decir nada a Sonia o va a ponerse de los nervios, están a menos de 20 metros el uno del otro y no va a poder soportar el no verlo. Cuando salga de trabajar se lo cuento, bastante mal la veo ya.

Lleva casi dos horas, sigue abajo aparcado, ya que he estado en la terraza cotilleando, he limpiado los cristales, mira ahora mismo sale, se mete dentro del coche, no va a esperar que salga Sonia de la clínica, pero no arranca, está mirando el móvil, se baja, no me lo creo, sale ahora mismo Sonia del trabajo y la ha visto, parece que algún tipo de imán les une.

Se abrazan, se besan, se ahogan, no la suelta, la noche se ilumina, se llena el cielo de estrellas y mis ojos de lágrimas, estos se quieren.

Me alegro por Sonia, cuanto me alegro. Esta noche cuando suba tenemos tema para rato.

15 DE OCTUBRE DE 2015.

Hola Javi corazón. Muchas gracias por las rosquillas del pueblo y por tantas cosas más...sé que andas malillo con la garganta, cuídate y abrígate mucho. Estamos contentos de veros juntos. No hay nada mejor, que hacer el camino bien acompañado. A ver si nos tomamos un café...o compro otro armario y

me ayudas a colgarlo...jijiji. Un beso
enorme.

Buenas tardes Paloma, ahí voy que
no levanto cabeza. Deseando que
me quiten las anginas de una vez. A
ver si se calma todo un poco y
tomamos ese café. Muchas gracias
por los ánimos. Voy a seguir un
poco que sigo en el trabajo.
Hablamos.

Yo también tengo una cosa para ti,
os he hecho un marco con una foto
de los dos en la nieve, estáis muy
guapos.

_Mamá, llevo todo el día sin saber nada de él, le estoy llamando y no me coge el teléfono, no me dijo que tuviera nada especial en el trabajo hoy.

Estoy muy preocupada y me ha vuelto el dolor al pecho. No creo que se haya ido a operar de las anginas sin decírmelo, ayer mismo por la noche lo estuvimos hablando, dice que cuando le avisen del hospital ya me dirá el día, y que le dejará el teléfono a su hermano para que me vaya informando.

Mira por lo menos voy a conocer la voz del hermano, porque seguimos sin dar ese paso y conocer a su familia. Pero hoy no sé dónde está, ni que está pasando.

Dice que como unas anginas es una operación de poco, que prefiere que yo no vaya al hospital, que tiene que estar tranquilo, no podrá hablar y que pasará todo pronto. Yo no lo veo así, me gustaría acompañar a mi novio, pero como siempre hay que hacerlo todo a su manera, no sé cómo me lía, pero al final cedo por no angustiarlo.

Bastante nervioso le veo siempre y no quiero discutir ahora que está

delicado. ¡Pero hay Dios mío!, ¿dónde estará hoy este chico?, estoy

atacada, que dolor de pecho, no lo aguanto.

_Tranquila hija, ya te dirá algo.

****

_ No me lo puedo creer, dos días sin saber nada de él, ni dónde

buscarlo, y ahora me dice por WhatsApp que le han operado. Que

no me dijo nada, para no asustarme y que así no iba al hospital a

pasar mal rato.

Dice que lo ha hecho por mí, este chico no se entera de nada, así

es como he sufrido más, llevo dos días mirando por su casa a ver si le

veía, pero no lo entiende y prefiero no liarla. Ha estado con sus

padres y el hermano, me vuelvo a sentir desplazada, esto es terrible,

que operen a tu novio y ni siquiera sepas nada, ni en qué hospital ha

sido, ni de cómo ha ido todo. Ni su hermano me llamó como

habíamos quedado, que pena como me ha engañado, los dos días de locura que he pasado sin saber nada de él,

Encima ahora pasarán varios días y ni podré verle. Estará en casa de sus padres unos días, y ahora tampoco cree que sea el mejor momento de presentarme. Si no puede ni hablar.

No puedo respirar mamá, sujétame que me caigo.

_ No te pongas así hija, no llores, respira, respira, te va a dar algo. ¡Fernando, la niña, que se ha caído al suelo! Hija por Dios no te pongas así, ¿qué hago?

_ A ver si te vienen bien estos días de playa hija, estarás tranquila con nosotros, descansa y desconecta de todo. Javi se va encontrando mejor, no te preocupes tanto, que te veo muy desatada y creo que la que peor está ahora eres tú.

_ Ya no sé qué hacer para animarle, hasta he pensado en cogerle un gato y ver si eso le entretiene, dice que él tuvo uno hace años, pero su madre no lo quería en casa.

A mí la Mini me acompaña mucho, cuando se pone sobre mí me relaja. He pensado en decírselo a ver si se anima y se ocupa de él y pasa más tiempo en su piso.

Sigue sin vivir allí, va de vez en cuando, y conmigo ya casi nada.

_ El señor de la huerta de naranjas me dijo que nos daba gatos si quería, que le crían y no tiene tiempo ni comidas para tantos.

_ Hablo primero con él y si dice que sí, mañana bajamos a buscarlo.

Sabéis como terminó el día...en casa con otros dos gatos. Cuando volvimos a Madrid, le dio uno a Javier, que se lo devolvió a los dos días diciendo que no podía quedárselo, que no le dejaba dormir, que le estresaba y Sonia se los ha quedado. Les ha puesto de nombre Harry y Potter. Y con la pequeña Mini...ya son tres. Cojonudo para mi alergia.

NAVIDAD 2015 NOCHEVIEJA.

Que ilusionada está Sonia, dice que va a subir esta noche Javi a casa después de las uvas.

Él cena en casa de sus padres. Tiene ganas de verle, las navidades las pasó en el pueblo con la familia, menos mal que esta noche la pasan juntos.

No van de fiesta, ni de discoteca, solo quieren estar solos en el piso. Pero eso la emociona y con eso la vale.

Ha comprado adornos y luces de navidad, se ha llevado nuestro árbol, está feliz como una niña. Espero que todo salga bien, a ver como sigue este año.

Cuánto tarda Javi, ya son las 1.30, estas muy guapa Sonia. Que estupenda estas cuando te arreglas. Pasarlo bien hija.

_Hola Javier, Feliz año.

1 DE ENERO DE 2016

Fernando, ¿qué te pareció anoche Javi? Que chico más soso, que conversación más aburrida, se le veía cansado. Dice Sonia que se fueron a su casa y se acostaron, ni fiesta, ni árbol, ni luces, ni bolas. ...

Este chico tiene poco espíritu, y lo malo es que le quita a Sonia las ganas. Con la ilusión que tenía de pasar la Nochevieja con él y de un plumazo se la carga. Ella lo da todo, y eso que hay días que la veo que ni puede. A ver si este año es mejor y mejoran esta relación tan extraña.

Ya la ha dicho que para el día de reyes tampoco está, que no viene a comer con nosotros. Nunca está para nada.

Siento que Sonia no va a ocupar su lugar nunca, para él no es su prioridad, aunque hablan mucho del tema y él la promete cosas, que todo va a llegar, que esté tranquila, que todo cambiará, pero yo le veo incapaz.

Veo a Sonia apagada, sometida, conformada, y cuando ella lo ve también y lo piensa, se revela y ya la arman. Sigue espera que te espera, pero pasa el tiempo y ve que nunca llega nada.

Me dice que discuten, pero al día siguiente vuelve todo a quedar igual, y lo olvida. O no lo piensa, o no lo quiere ver, o él la suplica que tenga paciencia y vuelven a las andadas. No me gusta que se sienta así, no me gusta nada.

Que complicado es todo., que mala suerte hija, que preocupación siempre contigo. Si yo te contara...

_ Mamá, me dan mañana la moto, estoy emocionada, sabes que me gustó desde que monté en la de Javi. Él está también contento con la suya nueva, ya la está metiendo mano y cambiando cosas en el motor y piezas más chulas.

_ Sabes que no nos hace ninguna gracia, nunca te han llamado la atención las motos, si de pequeña te aterrorizaban los ruidos cuando pasaba una. Pienso que solo la compras por que a él le gustan y le quieres agradar. ¿Por lo menos te ayudará a traerla a casa?

Tú no has montado más que un rato en una moto sola, y no te atreverás a venirte por la autopista hasta casa.

_ Si mamá, lo tengo que hacer, Javier no puede...

_ Que valor, no se te pone nada por delante. Nos vas a tener muy preocupados, ten mucho cuidado y que no pase nada.

_ Que bien se está en la playa, que lástima hija que estés solo tres días,   ya sé que es para hacer algo diferente, pero con quien tienes que viajar y estar es con tu novio, o con amigos, gente joven, no siempre sola o con nosotros que ya somos dos carcas.

_ Ya, pero él nunca puede. Ahora es el trabajo, luego la mamá, luego el pueblo, el coche, las motos, siempre tiene algún lío. Y yo siempre fuera de ellos. Nunca aparezco en sus planes. ¿Por qué no podemos hacer las cosas juntos como todas las parejas? No sé cómo se las arregla, pero siempre tengo yo que entenderle.

No me apetece salir con nadie, ni hacer nada. Ya creo que aburro a la gente, siempre con cara triste y desganada. Me canso ya mamá, me canso.

10 DE ABRIL DE 2016.

Sonia, hija sigo sin entenderlo, esta situación no te conviene. Os pasáis una semana bien y tres cabreados y sin veros.

Cada vez tienes menos fuerza, estas rendida, pero no tiras la toalla, esta lucha es dura y encarnizada, ¿crees que merece la pena?

Sé que te promete todo y te dice todo lo que tú quieres oír, pero pasa la charla y seguís lo mismo. ¿No te cansas?

_ Si mamá, estoy muy cansada, pero después de tanto como llevo pasado, tengo que seguir intentándolo, es difícil, pero creo que podemos conseguirlo, espero que todo mi esfuerzo sirva para algo y podamos en algún momento ser felices.

Él me dice que eso es también lo que él quiere, y yo sigo ahí ayudándole. Le veo siempre tan triste y preocupado, que solo quiero sacarle de todo eso. Que entienda de una vez por todas que le quiero y solo quiero ayudarlo, pero no sé hasta cuando me quedaran fuerzas.

Por cierto, mamá, la foto que le regalaste de los dos, ni la ha puesto en el piso, dice que se le ha olvidado en casa de los padres y nunca se acuerda de cogerla.

_ Sonia hija, sigue con tu futuro, ve a por tus ilusiones, no te apagues, no esperes.

21 DE ABRIL DE 2016.

Hoy hemos dado la señal para el piso de Sonia, estuvimos hace días por la zona y nos gustó mucho uno. Y esta niña tiene ya que volar del nido. Tendremos que hacer un gran esfuerzo para ayudarla, yo hubiera preferido que ella diera este paso acompañada de alguien, como muchas parejas de jóvenes, que empiezan su futuro juntos.

Va a tener que trabajar mucho para poder pagarlo todo sola, la gusta mucho la zona y la urbanización porque es la zona que le gusta a Javier, piensa que en este piso si podrá ser posible que lo quiera compartir con ella.

Teniendo él uno como tiene, ya podían haberlo intentado hace mucho, pero no ha habido manera.

Sonia tiene una edad estupenda para empezar a valorar y tener sus propias cosas, a vivir su vida como ella quiera, con sus gatos, con sus ideas.

Sabemos que es fuerte y que esto la hace mucha ilusión y la va a venir bien empezar un proyecto de futuro.

Madurará y luchará por ello, como con todo y como siempre.

31 DE MAYO DE 2016.

De nuevo la veo sufriendo, no sabemos ya que hacer, le he escrito un WhatsApp a Javier para ver si quería tomar conmigo un café, me ha dicho que tiene trabajo y no puede.

5 DE JUNIO DE 2016.

¡Otra vez hija! ¿Y ahora que ha pasado?... No llores por Dios, no llores.

3 DE JULIO DE 2016.

_ ¿Puedes venir mamá a recogerme a casa de Javier?, estoy en la calle con dos bolsas llenas de mis cosas...No puedo más, lo hemos dejado.

_ Voy ahora mismo, tranquila hija, espero que esto de verdad se haya acabado.

Qué tristeza más honda cuando la vi allí en la esquina llorando, las dos bolsas de ropa en el suelo y el corazón allí también, roto y pisoteado. Encorvada, acabada, hundida. Yo sentía lo mismo. ¡Como pesa el dolor que te agacha tanto! ¿Por qué esta niña piensa que solo es feliz al lado de un hombre? Cuando no son ni medio hombres los que ha tenido al lado.

Otra vez en estado descompuesta, sin existir, bypass, como pasando sobre las horas, sin segundos, ni minutos, ni relojes, ni tiempo, ni ser consciente de que este pasa y ya no vuelve.

Como fuera de órbita, sin gravedad terrestre, y sin el casco espacial puesto, con la cabeza gorda, llena de malos pensamientos.

Otra vez sintió lo que es estar en las nubes y caer sin alas desde el cielo.

Y nosotros de nuevo, caíamos con ella.

29 DE JULIO DE 2016.

_ Que día más importante hija, mi cumpleaños queda en segundo plano, hoy lo importante es que firmas tu piso, te acompañamos al notario y luego nos vamos los tres a celebrarlo, papá está también muy contento. Desayunamos y nos vamos ya para ir con tiempo.

Esta semana la dedicaremos a limpiar y tomar medidas de toda la casa, y ya la que viene nos vamos a la playa, que también tienes que descansar.

Podemos comprar allí algunas cosas, muebles y cosas de hogar, y vamos adelantando.

Nos lo vamos a pasar genial. Montaremos tu casa, aunque sea las dos solas. Sabes que lo haremos.

¿Con quién hablas por WhatsApp cari?

_ Con Javi, que me está felicitando por lo del piso, y con Borja, un chico que he conocido hace unos días, es un buen amigo y muy majo.

_ ¿Pero lo de Javier no se había terminado?

_ Por mi parte ya sí, pero él lo sigue intentando.

_ Anda mira, me está ahora mismo felicitando a mí por WhatsApp, por lo del piso y por el cumpleaños, ¿qué plan tiene este chico?

_ Sonia, no te encontraba entre tanta gente, ¡cómo está hoy la playa!, ¿te estabas riendo sola? Hacía mucho tiempo que no te oía reír. Tienes una expresión en la cara que me gusta. Ya estas otra vez guapa.

_ Es Borja mamá, me estaba cantando una canción muy chula por teléfono. Me gusta hablar con él, es una persona muy divertida, me hace siempre reír y olvidar las penas.

Javier me sigue hablando por WhatsApp, pero ya no me le creo. No quiere enterarse de que ya hemos roto, puedo tener una amistad con él, pero ya solo eso.

_ Descansa esta semana que te queda de vacaciones hija y ya se le pasará. Vamos al apartamento, que está papá solo, esperándonos en la piscina.

19 DE AGOSTO DE 2016.

Hoy sin esperarlo me ha escrito Javier.

Hola Paloma, ¿qué tal todo? Espero que todo bien y disfrutando mucho en la playa. Simplemente quería agradecerte todo el apoyo que me has dado durante todo este tiempo, y siento mucho el daño que os he causado por mis problemas personales y mis cambios de humor. Simplemente decirte que, si no he subido a casa antes a veros, era porque se me cae la cara de vergüenza de los malos ratos que he hecho pasar a la pobre Sonia con mi egoísmo y mis problemas. Me arrepiento mucho de lo ocurrido, lo siento de veras. Si pudiera borrar muchas cosas... la cosa cambiaría. Sé que he tenido tiempo de cambiar, pero hasta que uno no se da cuenta, no reacciona. El problema es que ya es tarde para todo, y me da mucha pena haberlo jodido de esta manera con lo fácil que sería y lo felices que podíamos ser.

Si me pudieras creer... yo no soy así, ni tan negativo ni egoísta, no me he reconocido ni yo, ni gente cercana a mí que me conoce de toda la vida. Teníamos un café pendiente, me hubiera gustado habérmelo tomado contigo y haber charlado un rato de todo un poco...

Por favor no le digas nada a Sonia que te he escrito, que se va a mosquear más conmigo aún y no es lo que quiero. Es un mensaje de agradecimiento para vosotros, mil gracias por todo. Paloma eres un amor.

Javi hola. Hoy podría enviarte el mismo mensaje que te escribí el primer día. Y te seguiría diciendo que a pesar de cómo vemos a Sonia...no guardamos ningún rencor. Yo también siento mucho lo que ha pasado. Eres muy buena persona, pero te has dado cuenta de que has sido mal novio. Sonia ya ha llorado mucho, pero sé que no ha sido por tu parte intencionadamente. Los miedos y problemas no te han dejado ser feliz. No siempre acertamos con nuestros pensamientos e ideas, pero si ves que ellos no te hacen feliz...cámbialos. Vive tranquilo y mejora las cosas. Aprende a ver las cosas más fáciles. Se natural y ábrete a la vida. Las cosas no son difíciles cuando uno las enfrenta. Y por mi parte nos tomaremos ese café un día. Muchos besos Javi.

Muchas gracias por contestarme y ser como eres de comprensiva conmigo, aunque no me lo merezco por todo lo ocurrido.

Estoy volviendo a ser el que era, el que conoció Sonia hace un año y medio. Recuperar mi vida, ser feliz y poder dar todo de mí a la persona que esté a mi lado. Me hubiera gustado poder demostrárselo a Sonia y tratarla como se merece, como una reina, es un amor, dulce, cariñosa, atenta, con infinita paciencia, puff...que decir de ella, si todo es bueno, el problema era yo. Quién sabe si en algún momento se cruzan nuestras vidas otra vez y pueda demostrarla lo felices que podemos ser juntos....

Me va a costar olvidarla, es muy fácil quererla, todo me recuerda a ella.

Estoy poniendo todo de mi parte en estar al 100%, estoy haciendo cambios en corto plazo y muchos pensamientos positivos para facilitar las cosas y el día a día.

No quiero ser el de hasta ahora, sino todo lo contrario. Muchas gracias por todo una vez más. Hablaremos para ese café. Muchos besos para vosotros.

_Mamá, hoy me he vuelto a encontrar a Javi al salir del trabajo. No me mola nada que venga a buscarme, se lo dije hace unos días ya, que vino también. Sigue prometiéndome que va a cambiar y que va a hacer ya bien todo. Le he dicho que ya no le creo, que ha tenido mucho tiempo para hacerlo bien y no ha querido. Creo que ahora que me ve bien con otra persona, viene a estropearlo. Encima había quedado con Borja y he tenido que dejarle con una excusa. Me he ido a cenar con Borja, y aunque he pasado bien el rato, no se me iba de la cabeza Javier.

Cuando he vuelto a casa ya de noche, era la 1:00, me le encuentro esperándome en la salida del garaje, la he tenido con él y esto me asusta. Ahora si quiere estar conmigo, que no puede dejarme dice, que no puede vivir sin mí, que lo intentemos de nuevo. Ahora me pone al alcance de la mano todo lo que le llevo pidiendo hace dos años. Pero yo no confío. Me cuesta creerlo. Y ahora está Borja, el chico es estupendo y me gustaría seguir conociéndole. Hacemos muchas cosas juntos y me está ayudando a montar cosas en el piso.

Esta situación no me gusta. Y no consigo sacarle de mi cabeza. Cada vez que le veo llegan las dudas, la ansiedad y el miedo.

¿Te ha vuelto a decir algo por WhatsApp?

Que ganas tengo de veros.

Buenas tardes Paloma, ¿qué tal todo? Espero que todo bien, imagino que seguís por la playa disfrutando a tope.

Hola Javi. Seguimos en la playa, estaremos unos días más. Estamos bien, esperando que pase el calor de Madrid, para volver a casa. Me alegra saber que estás haciendo cosas para mejorar y encontrarte a ti mismo. No flojees, aunque las cosas no vayan como tú quieras, te servirá para un futuro. Yo no soy quién para decirte nada, pero deseo tu bien de verdad. Escucha los buenos consejos que te den. Sonia está bien, y lo que te haya dicho, lo tendrás que respetar. Me es difícil hablarte. Entiéndeme. Te deseo mucho bien Javi, un beso y a descansar.

Buenas noches Paloma, aprovechad por allí todo lo que podáis, esto es un horno, no hay quien aguante de calor. Muchas gracias una vez más por el apoyo.

De un tiempo a esta parte he abierto los ojos y me he dado cuenta de muchas cosas que he hecho el gilipollas inconscientemente porque estaba en mi burbuja. Hace unas semanas estuve a punto de tener un accidente con el coche, gracias a dios no pasó nada, pero fue el desencadenante para abrir los ojos y darme cuenta de que estaba haciendo muchas cosas mal en la vida y que era el momento de cambiarlas sí o sí. Quiero recuperar a vuestra hija, sé que es muy complicado después de todo lo ocurrido y lo dolidos que estáis todos conmigo, sobre todo ella. No sé qué hacer para que me crea, sé que puedo hacerla muy feliz y a vosotros también. Créeme que intento respetarla, pero no puedo hacerme a la idea de perderla, entiendo que este muy dolida, ojalá cuando esté más tranquila podamos hablar y demostrarla como soy realmente. Todo este tiempo he estado muy jodido y lo he acabado pagando con los que más quiero, los que tengo cerca, Sonia se ha llevado la peor parte la pobre. Entiendo que te es difícil hablar, tu eres su madre y quieres también lo mejor para ella.

No quiero agobiarla, pero veo que diciéndole lo que siento y que la puedo tratar como se merece, como una reina, lo único que hago es alejarla más de mí.

Si pudiera retroceder y corregir todo, daría mi vida si hiciera falta, sé que podemos ser muy felices y me da mucha pena y mucha rabia que tenga que acabarse así.

Yo sé que ella todavía me quiere, y yo me he dado cuenta de que la quiero y estoy enamorado de ella.

Ciego estaba todo este tiempo.

Créeme que no es que tenga el mono porque no esté detrás de mí, es porque me he dado cuenta de que lo siento con el corazón y por eso me duele esta situación y no vivo.

Siento mucho tener que calentarte la cabeza con nuestras movidas de pareja. Quiero mucho a vuestra hija, sé que no la he tratado como se merece en la última época, pero corregir es de sabios y nunca es tarde si la dicha es buena.

Yo quiero luchar por nuestra relación, no puedo dejarlo morir. Pero entiendo que necesite estar tranquila.

Madre mía Javi. Cuida tu vida. Es lo mejor que tienes. Las demás cosas están o no están...pero tu vida es lo primero. Yo no sé qué decirte. Han sido muchas las cosas que no hemos entendido por tu parte. Viéndolas que no han sido intencionadamente, se han soportado...pero la herida estaba hecha. Y Sonia se cansó de sufrir. Yo no sé si tú has sido consciente de cómo ha sufrido ella con tus negativas, y no sé si eso se puede olvidar. Te pediría tiempo de por medio. Necesitáis curar cosas y heridas y quién sabe si encontráis esa luz algún día. Tu tranquilízate para poderlo llevar. Tu camino es difícil pero no imposible. Mejora como persona, solo por ti. Y cuídate.

Te haré caso Paloma...pero sé que no la voy a olvidar. Ni la quiero olvidar porque es perfecta y la quiero compensar todo lo mal que lo he hecho con el resto de mi vida mirando primero para y por ella.
Mil gracias por todo una vez más, eres un amor. A toda vuestra familia es muy fácil quererla, sois todos iguales. Buenas noches.

Buenos días Paloma, ¿qué tal? No quería molestarte, simplemente llevo dándole vueltas desde que hablamos, y quiero que sepas que no voy a andar persiguiendo ni esperando a Sonia al salir del trabajo, que no quiero agobiarla. Creo que es una forma de demostrar mi amor es dejarla su espacio, aunque me duela.

Gracias Javi. Las cosas a veces es mejor no forzarlas. Sonia ahora tiene que afrontar muchas cosas sola y necesita centrarse y recuperar su serenidad. Imagino que algún día hablareis y no sienta la angustia que ahora tiene. Lo mismo me gustaría para ti. Serenidad. Un beso y sigue cuidándote.

No quiero forzar nada, al revés, quiero que fluya. No sabes lo que me gustaría poder ayudar a Sonia con todo lo que tiene encima ahora mismo, pero sé que no es posible.

La entiendo perfectamente, me pongo en su lugar, yo estaba saturado de todo y nada más que veía todo negativo y también tenía una angustia y ansiedad de flipar, el problema es que lo pagaba con los que tenía a mi alrededor y dentro de mi burbuja me bloqueaba y no veía la luz ni avanzaba. Espero poder hablar con ella algún día y que ya no tenga esa angustia de la que hablamos. Yo estoy bien Paloma, con ganas de vivir la vida y disfrutar de todo lo bueno que tengo a mi alrededor, lo único que me falta es tu hija a mi lado para poder darle todo lo bueno de mí. No te imaginas lo que me ha cambiado la vida y la forma de pensar desde el susto. He estado ciego todo este tiempo, pero por mucho que me dijerais era yo el que se tenía que dar cuenta de las cosas. No te molesto más, muchas gracias. Cuidaros.

5 DE SEPTIEMBRE DE 2016.

Hoy he estado hablando por WhatsApp con Ana mari, la amiga de Sonia, me dice que está preocupada por ella. Que Javier, la ha estado molestando a ella también por teléfono para saber de Sonia, ella le ha dicho que no tiene nada que hablar con él. Que deje a Sonia tranquila, que ahora está bien y no le necesita para nada.

Dice que cada vez le cae peor Javier, que le ve desesperado, pero no se cree tampoco que haya cambiado como él asegura. La ha aconsejado a Sonia que no vuelva con él, que intente olvidarle por mucho que la duela, que sabe que sigue en su cabeza, pero que él nunca la ha querido, solo se quiere a él. Cree que Javier nunca la ha valorado, y solo ahora que la ve bien y con otra persona, le vienen las ganas de estar a todas horas con ella, y que todo vaya bien.

Me ha dejado tranquila porque sé que va a estar pendiente de ella, y a lo mejor la hace más caso que a mí. Pero también me ha venido el temor a que este chico se obsesione con ella ahora y no la deje vivir.

Dice que han conocido a Borja y que les encanta, es un chico muy simpático y que han congeniado todos los amigos muy bien con él, la trata estupendamente y Sonia se va relajando.

De todas maneras, ya estamos preocupados con la situación, adelantamos la vuelta, nos volvemos a Madrid.

8 DE SEPTIEMBRE DE 2016.

Buenos días Paloma, ¿Qué tal estáis? Imagino que ya por Madrid, o pronto. Yo bien, salvo que echo mucho de menos a Sonia cada día que pasa.

Me arrepiento cada día más del comportamiento que he tenido con ella y con todos los que estáis alrededor. Es una espina que tengo clavada. Me duele que estemos separados, como si me arrancaran el corazón del pecho, pero espero que podamos vernos pronto y hablar. También me duele mucho que haya aparecido alguien...e imagino que le está dando pie a conocerse y a mí no me dé opción a poder demostrarle que la puedo tratar como una reina y que la quiero con locura, me da rabia, y mucha pena, la verdad, estoy atado de pies y manos, no puedo hacer nada porque la estoy respetando, no sé lo que durará esto...

Me dijo Sonia la última vez que hablamos de que haríais parte de la mudanza este finde, de verdad y sin compromiso, estoy aquí para lo que necesitéis por si os hace falta una mano.

Ya sé que no es el mejor momento, pero contad con ello, de todo corazón. Muchos besos y un abrazo fuerte.

Hola Javi. Ante todo, agradecerte tu ayuda para lo del piso, de momento vamos despacio. Ya estamos en Madrid. Sonia no quiere que te escriba, y tengo que respetarla. Siento como te encuentras. Espero que el tiempo vaya mitigando ese dolor. Y vivas la vida lo mejor para ti. Javi podré darte algún consejo, pero con el tema de Sonia, no me lo puedo permitir. Espero que me entiendas. Cuídate mucho y adelante.

Buenos días Paloma, no tienes que agradecerme nada, lo hago de corazón. Entiendo que es difícil tu posición, y siento mucho haberte metido entre medias de lo nuestro. Está claro que tienes que respetarla, es tu hija, la tienes que apoyar y quieres lo mejor para ella.

Yo también tengo que respetarla, el viernes la escribí porque vi algo que me dejo más jodido de lo que estaba, un amigo mío la vio en una aplicación de buscar pareja....

Me duele por lo que he visto, y veo que me ha mentido, me dijo que había aparecido alguien sin buscarlo.... Y claro que lo estaba buscando.

Yo la quiero y mucho, no puedo evitar lo que siento y es lo que quiero con ella, compartir mi vida entera y darle todo lo mejor de mí, demostrárselo, sé que es difícil, pero tengo esperanzas de poder recuperarla algún día.

A día de hoy estoy atado de pies y manos, no me deja que hablemos, que me acerque, que se lo demuestre día a día... y seguro que a la otra persona le está dejando pasar tiempo con ella.

Sigo a la espera de que decida que quiere hacer con su vida, yo tengo mucho que darle y todo bueno, SOY OTRO y me gustaría que lo vierais todos y compensar el mal que he hecho anteriormente. Cuídate mucho tú también Paloma. Muchas gracias por todo. Eres un cielo y un amor de persona.

_ Mamá, lo de Borja no ha podido ser, estábamos empezando algo bonito, pero se ha terminado, junto con el verano. En las conversaciones que teníamos, él noto que yo aún no estaba bien. Que mis pensamientos no estaban allí, y que mis recuerdos se encontraban también en otro sitio. No estoy bien con nada, ni con nadie y eso se ve.

Borja, ha sido un buen amigo, y seguramente como tal siempre estará ahí.

Lo he intentado, bien lo sé, pero no he podido arrancarlo de dentro de mí, porque no solo está en mi cabeza, o en mi corazón, está en mi sangre, o ya en mi ADN. Y esta enfermedad tiene un nombre... Javier.

He tenido que llamarle, mañana le voy a ver...

****

No sé dónde leí, que, si deseas mucho algo y lo repites mentalmente hasta 70 veces, lo consigues.

Yo dejé de contar ovejas en la cama y repetía la frase 70, 140, 210, 1000...¨que sea feliz mi hija, que sea feliz¨.

27 DE SEPTIEMBRE DE 2016.

Llevan una semana juntos, en el piso de Sonia, las noches las pasan en casa de él, hasta que tenga Sonia los muebles de la habitación.

Hoy tienen una reunión de vecinos y me ha dicho que vaya yo, que ella no sale pronto y no puede ir. Javier llegará también tarde.

Hay rosas en jarrones, dice que se las trae casi todos los días. Ha venido con muchas fuerzas, está encantado con ella y con estar en el nuevo piso.

Subí a su casa, cuando acabó la reunión, y ya estaban allí los dos. Javier estaba descompuesto, me cuenta que ha hablado con sus padres y les ha dicho que está otra vez con Sonia, que le gustaría que le apoyasen en su decisión y por fin cedan en quererla conocer.

Le han dicho que donde va tan deprisa, que se tome su tiempo, que ella acaba de estar con otra persona, y que eso no lo ven bien.

Me temo que de nuevo le han vuelto a joder, Sonia está cabreada como una mona. Y yo descolocada otra vez. Veo que no la ha defendido, pues si ya no estaba con él, podía estar con cualquiera. Pero tendrá que lucharlo y darles el tiempo que piden. Se ha ido solo para su casa, Sonia no ha querido ir con él.

Nos vinimos tristes y decepcionadas las dos para casa, llevaba Fernando toda la tarde solo.

Fernando, me acaba de mandar Javier unas fotos por WhatsApp, está en casa de Sonia, han pasado allí la noche. Ha puesto las lámparas en el salón y me enseña cómo han quedado.

Dice que no se lo diga a Sonia, que es una sorpresa, la verdad que el chico es mañoso.

Disfruta haciendo esas cosas. Sonia será ahora mismo la mujer más feliz del mundo.

Saber que está allí en su casa y que por fin la quiere compartir. Le dio unas llaves del piso desde el primer día, él dice que a ver si tiene tiempo para hacerla una copia de las del suyo.

Lo lleva todo con más calma, le está dando su tiempo, aunque sigue muy volcado con los padres, la madre ha estado unos días ingresada, ha tenido problemas de nuevo, pero él en cuanto salía del hospital iba a verla un ratito a casa.

Parece que por fin esto arranca, lento, despacio... Pero ya va.

Fernando, que ilusión, acaban de traerle a Sonia el somier de su habitación. Ella está contentísima, ya se pueden venir a vivir aquí. Me ha dicho que hoy vuelven a dormir juntos.

Dice que este fin de semana van a empezar a traer las cosas de Javi y más ropa suya. Ya lo tienen todo puesto, y les ha quedado la casa preciosa.

He andado por aquí limpiando y recogiendo un poco, está todo tan bonito que disfruto pensando en que luego cuando lo vea ella, la va a encantar.

Voy ya para casa en un rato, ten cuidado cari.

Anda ese coche de delante parece el de Javi, y está el dentro, habrá venido a traer sus cosas...

_ Hola Javi, que sorpresa, ya me iba para casa, os acaban de traer ya el somier, ¿qué tal estas?

_ Mal, Paloma, he venido a recoger mis cosas...dejo a Sonia.

_ Javier por Dios, ¿qué me dices?

_ Que esta no es una relación normal, y que tiene un genio que no la aguanto.

_ Mira, eso sí que no te lo voy a consentir, con la paciencia que ha tenido que tener Sonia, con todo lo que lleva tragado. Y si en algún momento ha sacado el genio, ten por seguro que se lo has sacado tú, y lo sabes bien.

Si lo tienes decidido, subo yo contigo a casa y recoges tus cosas, yo no tengo más que decir.

****

Fernando, voy a llegar más tarde, no puedo parar de llorar y no me puedo ni poner de pie. Javi se ha ido. Ha venido a casa de Sonia, y me le he encontrado en la calle aparcado en la entrada, cuando me iba ya de aquí. Que venía a recoger sus herramientas y su mierda de ropa. Camisetas viejas y dos vaqueros roídos.

He hablado con él, pero dice que no puede seguir. Ha metido todo en bolsas del Carrefour, estaba nervioso y temblando. Y se ha marchado.

A pesar de la situación le he hablado serenamente, le he dicho que aclare su vida, que es muy importante ser buen hijo, pero que eso por desgracia no es para siempre. Que lo mejor es ser buena persona.

Cariño, se me caen las paredes, no me imagino ahora aquí a Sonia sola, esto va a ser terrible para ella otra vez.

Dice que iba a quedar con ella ahora a la salida de la clínica, para decírselo. Le he pedido por favor que no la vea. Que se lo ahorre. Ya la daré yo el disgusto cuando suba a casa, lo que la faltaba, otra bronca en medio de la calle...todavía no sé cómo voy a decírselo.

Encima el cabrón viene a casa a por las cosas, cuando no está ella. Cobarde de mierda.

Me ha devuelto las llaves. Qué casualidad haberle pillado. Qué palo papá, qué palo.

Se me ha roto el alma, y más se nos va a romper luego. A ver como se lo digo. Ahora voy para casa, tú tranquilo por favor. Voy a pedir ahora mismo cita en algún psicólogo, ese que está cerca de casa...lo va a necesitar.

_ Sonia hola hija, ¿qué tal la tarde?, que bien que mañana es fiesta y puedes descansar, siéntate anda...tengo algo que contarte.

12 DE NOVIEMBRE DE 2016.

Tengo en mi móvil, una foto de Sonia, hecha este triste día. Se la hice, para que con el tiempo la viera y se diera cuenta de lo mal que estaba.

Tuvimos que llevarla a la fuerza a su casa y comer allí con ella. No podía ni entrar por la puerta del portal, y se quedó sentada en un banco que hay enfrente, mirando a la nada. Sus hombros caídos, su cuerpo encorvado, menguada, pequeña, desilusionada, el pelo sucio, sus ojos hinchados de llorar toda la noche, ni su pecho se movía con las respiraciones, creo que el aire no la entraba y daba bocanadas, su mirada perdida y una tristeza tan grande que hasta a nosotros nos llegaba.

Yo había quitado el día anterior las fotos en las que estaban los dos juntos, e incluso el cartel del buzón con sus dos nombres, que la hizo su padre en la impresora, y nos hizo tanta ilusión poner. Logramos subirla a casa, paseando por las habitaciones como un fantasma, sujeta por mí, cuando llegó a la suya, no fue capaz de mirarla, llorando, e imaginando que ya no le vería más allí. Ya no la gustaba su casa.

¿Por qué me ha hecho esto a mí? Y ahora que hago con el piso...y la moto...

¿Por qué me ha hecho esto a mí?

Eran sus únicas palabras.

La noche anterior sufrió otro ataque de pánico y angustia cuando la conté que Javier la dejaba.

Me reprochó que le pidiera que no la viera esa noche y que no se lo dijera a la cara.

Yo no podía verla ya sufrir tanto. El dolor y el stress a la larga dan la cara. Y esta vez nos iba a costar mucho más el recuperarla.

Esa foto, es como ver a tu hija enferma, que tantos años de esfuerzos por cuidarla y protegerla, no han servido de nada.

Que llega cualquiera, un día y te la destroza y te la daña. Y la ves incapaz de agarrar su vida y madurar y te cuestionas si lo has hecho bien como padres o no la has enseñado nada. Y te sientes que has fallado y que todo falla. Y estás tú también para hacerte una foto...y enmarcarla.

A los dos días tuve que escribir a Javier un WhatsApp y pedirle por favor que viera a Sonia, lo necesitaba.

> Hola Javi. El viernes quise ahorrarla a Sonia el disgusto, pero veo que ella necesita hablarlo contigo. Me equivoque. Te pido por favor cuando tú puedas quedes con ella y la des una explicación. Un saludo.

Hola Paloma, no te equivocaste, es normal, querías protegerla de más sufrimiento, yo tampoco quiero que sufra ella ni vosotros. Cuando pueda y este más calmado quedaré con ella para hablar, no quiero que se alargue esto y suframos todos más de la cuenta. Lo siento mucho.

Un beso y gracias por todo.

Gracias Javi. Pero estas equivocado. Ahora es cuando estabas haciéndonos felices a los tres. Por eso no entendí lo del viernes y siento si te dije algo doloroso.

He puesto de mi parte todo lo que he podido durante este tiempo, pero esto no es una relación normal. Tranquila, no me has dicho nada doloroso, al revés, siempre me has ayudado y me has dado buenos consejos, no tengo nada que perdonar, los que me tenéis que perdonar a mi sois vosotros. Mil

gracias por todo. Un beso.

Pasaron varios días sin verse, Sonia no lo soportaba. No tenía

fuerzas, no quería bajar a trabajar, no disfrutaba con nada, nos

pasamos el día hablando de lo sucedido y no se lo explicaba.

Psicoanalizándole...psicoanalizándola.

Al piso iba yo por las tardes sola, para seguir preparando cosas,

preparando para nada.

Yo también estaba nerviosa, su casa sola, cerrada, abandonada,

mis fuerzas iban cediendo, luego en casa, sin parar, pasando horas

en intentar animarla, con más trabajo, con los tres gatos agobiada,

triste, disimulando mi estado...hasta que también explotaba.

Volvimos a obligarla a ir al piso, aunque el cruzar esa puerta ya a los tres se nos desgarraba el alma. Ya no había ilusión, no nos quedaba nada.

_Voy a preguntar a Javier por WhatsApp, como se hacen los agujeros en el cabecero de la cama, compró las herramientas para hacerlos y yo no sé y tú tampoco te atreves mamá.

Dice que viene un rato a ayudarme, que no toquemos nada, no podía pasar más días sin verle y él me ha dicho lo mismo. Que me extraña. ¿Qué hacéis vosotros?

_Dejaros solos, vámonos papá.

Otra vez están juntos, se fueron 3 días a los Pirineos, tres días que les hacían falta, la aconseje que estuviera tranquila y a ver si se tranquilizaban, imposible, dice que la última noche volvió a salir el tema de los padres, que a ver cuándo pensaba ya el presentarla, que se sentía la novia fantasma, el otro se enfadó muchísimo y volvieron las cinco horas de viaje sin hablarse y sin mirarla, la dejó pronto en casa, que estaba cansado y él se iba a ver a los padres y allí se quedaba.

Otra semana para atrás, otro finde jodida, y otra vez como si nada. Volvían a verse cuando él quería, y volvía la alegría, hasta que pasaba otra semana.

Sonia hizo una fiesta en su piso para toda la familia, el no pudo estar, por trabajo, líos o la mamá. Los oí hablar por teléfono, y otra bronca y otra vez angustiada.

Así estuvieron días, juntos, bien, separados, mal, viéndose algunas noches, sacando a flote lo que quedaba.

Sonia se fue por fin a vivir a su casa. No fue fácil que abandonara el nido, sentíamos que casi la habíamos tirado de él. Se llevo a los tres gatos y la esperanza de verse allí con él. Él iba a días, alguna noche, otra vez tenía llaves de la casa.

Eso para ella era de momento suficiente.

Nosotros con un dolor tan grande, ya no estaba con nosotros y sabíamos que era difícil para ella verse sola en su casa, un hogar precioso, bien decorado, un palacio de cristal, para una princesa que había sufrido demasiado para sentirse amada.

_Mamá, tengo que llevar unos papeles al banco, hemos abierto una cuenta juntos, parece que ya vamos a hacer algo en común, es un paso. Voy a ingresar algo para tener dinero para los gastos del mes. Javier ya lo hará...

31 DE DICIEMBRE DE 2016.

Sonia cenó con nosotros en casa, luego después de las uvas vino Javi. Tan acabado como siempre. Un pansinsal. Aburrido, dormido, y contando las mismas historias aburridas que las anteriores navidades. Trabajo, trabajo y trabajo, su tema preferido, parece que en el taller solo trabaja él.

Tenían una fiesta en la comunidad de su urbanización y él dijo que pasaba. Este año Sonia ni se arregló, total iban a dormir y a su casa.

Antes de irse le invité a que el día de reyes viniera a comer con toda la familia y así los conocía y le conocían también a él de una vez, me dijo que sí, pero vi una mirada que no me dejó ninguna duda. Llegado el día, seguro que no vendría, tendría algo que hacer.

A la mañana siguiente fui a buscar a Sonia a su casa, para traerla a casa a comer con nosotros, y bajó en ese momento él, que se iba con la moto, la tenía en el portal aparcada.

Le vi cabreado, serio y no me gustó nada, le costaba hasta acercarse a saludarme, me dijo que vaya nochecita con los gatos, que no había dormido bien. Que se iba a relajarse por ahí un rato y luego comía con sus padres en su casa. Que Sonia ahora bajaba.

Yo no le sentí mi yerno, algo se había roto ya entre él y yo, algo había en su mirada.

Pensé en cómo se habría quedado arriba Sonia. Otra vez sola, y al rato bajó, sí, ya otra vez desencajada.

Este chico... ¿quería, pero no podía o podía, pero no quería?

Pues qué bien empezábamos el año.

Estaba siempre en nuestra vida, pero luego nunca estaba.

Llegó el día de reyes...y no pudo venir claro. Tenía trabajo, estaba fuera de Madrid, llegaría por la tarde, comiendo nosotros con la familia, le mandó a Sonia un WhatsApp con la ubicación de donde estaba. Por Valladolid esta vez. ¿Cómo era posible que tuviera un curso un día de fiesta? En plenas navidades, un día de reyes. Yo creo que desconfié.

Sonia pasó mal rato. Nunca estaba para ella, nunca estaba…

Sonia se fue pronto para su casa, esperaba verle, aunque fuera por la noche solo un rato, tenía todos los regalos para él, había comprado miles de cosas, todas con la misma ilusión de siempre. Gastándose lo que no podía. Ahora que tenía tantos gastos.

La mandó un WhatsApp diciendo que tenía que hablar con ella, Sonia lo miró mientras conducía, y paró de inmediato a ver que le pasaba. Le llamó y la dijo que se verían en un rato, pero que estaba muy enfadado con ella. Que le explicara porque había publicado una foto en el Facebook donde le etiquetaba.

En la foto solo aparecía uno de los gatitos metido en su cama, y con letras puso "Mira que a gusto está en nuestra casa".

La montó el pollo, que no le gustaba que su nombre apareciera en ningún sitio. Que la gente le tiene envidia y es muy mala. Siempre con la puta envidia, desde que les tocó la lotería un año, tienen ese trauma.

Sonia no se lo podía creer, encima que le estaba ofreciendo su casa, pensaba que le haría ilusión en ese día, como un regalo más, eran sus gatos, era su vida, era su novia, era sus cosas ...o es que quería que todos se volvieran fantasmas.

Terminaron en casa juntos, hablando, discutiendo, llorando, riendo, regalándose amor, regalándose cosas, regalándose besos, regalándose sueños..., pero solo ella los regalaba.

****

Fernando, esto ya no lo entiendo, me cuenta Sonia que la dice hoy Javier, que ha dado la señal para un piso en la misma urbanización que el de ella. Para la segunda fase, que los dan dentro de unos meses.

Que tiene antes que vender el suyo para poder comprar ese. Al ser de VPPO no tiene que tener ninguno en propiedad. Que a ver como lo hace, o intentar ponerlo a nombre de sus padres, se lo ha dicho a estos y se han cabreado con él. Con lo que sufrió y tardó para hacer la reforma de su piso y ahora ni lo quiere para vivir o lo va a malvender.

Tiene dinero de sobra para comprarlo al contado, que suerte tienen algunos, y tu hija va a tener que trabajar 30 años para poder pagar el suyo. Yo alucino. Si ya tiene uno propio, otro a medias con su hermano y ahora el de Sonia que lo pueden compartir, para que se mete en líos.

La ha dicho que es para inversión. Que es el modelo de piso que siempre ha soñado... ¡pero si ya tiene uno allí!

Sigo sin entenderlo, y no lo veo claro. Ojalá no llegue a tiempo de vender el suyo y no llegue a tiempo de firmarlo.

Sonia está disgustada, y yo veo que sus caminos siguen en paralelo, no confluyen en ningún punto. A ver como digiero lo de, tú lo tuyo y yo lo mío. No lo veo...no lo veo.

_ Mira hija, ya no puedo más, llevas varios días mal, estas enfadada, yo he intentado quedar con Javier a tomar un café, pero esta semana no puede. No sabemos qué te pasa.

Me has tenido esperándote en tu casa una hora, y papá solo aquí. Te he llamado y no contestas, y la clínica ya estaba cerrada cuando he llegado a casa.

Habíamos quedado en vernos en tu piso, ¿dónde cojones estas?, me tienes angustiada, paso de ti yo ahora, me tienes un poco harta.

_ Espera, por favor, no te enfades tú también. Perdóname, estaba discutiendo con Javier, no te pongas así mamá, voy a veros ahora a casa, tengo que contaros una cosa...

_ Sonia, estoy muy cabreada, ¿es necesario que vengas? Es muy tarde y tiene que cenar papá.

_ Estoy ya en el coche, voy ya para casa.

El domingo me contó Javier una cosa, le di un ultimátum, o me presentaba ya en la familia, o esto se acababa. Ya presionado me contó el motivo por el que no quieren conocerme sus padres. Llevo días a ver si lo asimilo, pero no puedo yo sola con esta carga.

Hoy le he vuelto a sacar el tema y la hemos vuelto a liar.

Resulta que el primer año de estar conmigo, me compartió con otra. Con su anterior novia. Con una tal *E.* Con la que estuvo saliendo después de dejar a su novia anterior *A.* la de tantos años.

Después de empezar conmigo, la volvió a ver un día y se enteró que su madre había caído enferma. Él la estuvo apoyando, y le dio pena dejarla. La estuvo acompañando en el hospital, hasta que la madre falleció. Luego ya lo dejaron, pero no se ha atrevido nunca a contármelo por temor a que le dejara.

Sus padres no quieren que esta relación se base sobre una mentira, y que hasta que no fuera sincero conmigo, no se podía arriesgar a formar algo, ni a compartir nada.

Su hermano está muy enfadado también con él. Quieren que sea sincero de una vez por todas.

Delante de mí, llamó a su padre por teléfono y le dijo que ya me lo había contado, le oí al padre de lejos, decirle que se alegraban y que ya había dejado de ser un cabrón. Se fue a cenar luego con ellos, para relajar la situación.

El contármelo por fin le ha quitado un gran peso de encima.

Me dijo que me quiere como nunca ha querido a nadie.

Que no me puede perder.

Y hoy de nuevo me dice que es mejor dejarlo. Que esto no tiene futuro, que no puede ser.

Escuchándola el estómago se me dio la vuelta, su padre callado mirándola con una gran pena. Y yo el enfado que tenía hacia ella, lo dirigí contra él. ¿Cómo había sido capaz de hacerte tanto daño? Cuando él sabía el porqué de todo.

Creí que me moría. Tantas horas de cavilaciones, de disgustos, de soledad, de no estar nunca...y es que estaba con otra. De cabezas gordas, sin el casco espacial puesto.

Ahora entendíamos tantas cosas.

No dormí esa noche. Que más la faltaba a Sonia para sacarlo de su vida. El entraba y salía cuando quería. Ya estaba bien. Ya lo que faltaba.

_ Mañana se le piden las llaves, este ya no entra más en tu casa. Esto ya no puede seguir así.

Al día siguiente volví a pedir ayuda a Ana mari. Cuando le dije que hablara con Sonia, ya se imaginó lo que había. Que sinvergüenza, que manipulador, que asco de gente. Que lo omita de su vida. Que ella la va a ayudar...como siempre.

Siempre estás ahí Ana, que buena amiga eres.

Me costó mucho hacer, lo que hice este día. Le estuve llamando al móvil, al trabajo...no me lo cogía. Hasta que me mandó un WhatsApp.

Buenos días Paloma, no te puedo
contestar al teléfono, lo siento,
estoy en un curso. Imagino que es
por lo de las llaves, no te preocupes,
os las haré llegar.

Si. Antes de que te vayas a Burgos.
Voy a buscarlas hoy donde me
digas.

Luego hablamos y vemos cómo

hacemos, no te preocupes. Que no

quiero daros más problemas.

Confío en ello. Creo que nos lo

debes.

Si, tranquila, os debo mucho, el que

no ha respondido igual soy yo, lo

siento.

Hola Paloma, no sé si estarás

comiendo, si estas ocupada

quedamos luego

Bajo cuando me digas.

Pues me acerco en un momento.

Sonia se empeñó en bajar conmigo, estaba en casa comiendo con nosotros. Esperamos en la calle. Llegó con su coche rojo, y nos metimos dentro, tenía que dejarle algunas cosas claras, y no lo iba a hacer en plena calle. Él no lo esperaba. Ni esperaba que estuviera Sonia.

Pasé la mañana escribiendo notas, no se me iba a olvidar nada. La voz me temblaba, por rabia, por dolor, por vergüenza, porque nunca me ha gustado decirle a nadie cuatro verdades, pero era mi hija la que estaba siendo perjudicada.

Me puse a su lado, en el asiento del acompañante. Le miré a la cara.

¿Quieres tú decirme algo? ¿No tienes que contarme nada? Pues por favor escúchame,   Sonia tu por favor no llores y estate callada.

Javier, a la cara me dijiste un día que Sonia tenía mucho genio. Te voy a explicar el porqué.

Cuando no contabas con ella para nada, ella se sentía desplazada, ninguneada, no respetada, ignorada y triste.

Cuando no querías verla en varios días, ella se sentía culpable, rechazada, humillada, abandonada, triste y con miedo.

Cuando no se la presentabas ni a tus amigos ni a nadie, ella se sentía humillada, insegura, infravalorada, sin autoestima, triste y avergonzada.

Cuando tirabas por tierra todas sus ilusiones, ella sentía desilusión, fracaso, tristeza, decepción dolor y rabia.

Cuando no cumplías tus promesas, ella se sentía engañada, estafada, triste y con ansiedad.

Y cuando se ha enterado que la engañabas con otra, ella se ha sentido utilizada, engañada, humillada, pisoteada, herida, destrozada, traicionada y estafada.

Todo esto para ella ha supuesto un maltrato psicológico, que la ha llevado a la IRA.

La ha invadido la tristeza, y esta pena la provoca una gran fatiga, cansancio, falta de energía y destruye su autoestima. La has herido su amor propio.

Javier has jugado con su salud física y mental. Ha sufrido ataques de ansiedad, convulsiones, histeria, se me ha desplomado varias veces. La he visto tirada en el suelo de la cocina, de su cuarto, del baño, llorando, ha tenido que estar en tratamiento.

Sabiendo que su padre tiene una enfermedad neurológica, ni te lo has pensado. Ni siquiera te ha preocupado.

Pero además de soportarte todo esto, ha tenido que oír de tu boca frases como estas...

No es el momento, no somos pareja, no estamos bien, no he firmado nada, no somos una pareja normal, tienes un genio inaguantable, has estado porque has querido tú, tengo al enemigo en casa...

¿Qué sentirías tú con todo esto?

No dejarla entrar en tu mundo, la ha creado una gran desconfianza y dudas.

No la has dado las cosas cuando te las ha solicitado, no te has esforzado en ello. Y dar las cosas solo cuando uno quiere, no supone sacrificio ni valor alguno.

Solo la valoraste, los meses que la perdiste, y eso es ofenderla.

Te has inventado excusas y provocado broncas, para hacerla explotar y así liberarte tú del sentimiento de culpa. Tenías vía libre para poder marcharte. Y a ella la dejabas sintiéndose encima la culpable.

No vayas de víctima, porque tú has sido el verdugo. Sabiendo la causa de todo desde el principio, la has dejado sentir que lo estropeaba todo ella, y has permitido que se rebajara una y otra vez pidiéndote todavía perdón.

Una pareja son dos, no uno, ni menos tres. Y es ir a la par. Los dos a una.

La ibas a tratar como a una reina...FALSO.

No sigas dejando cadáveres por el barrio. Al final te van a conocer.

La has mentido, nos has mentido a la cara, hacerlo durante años a conciencia es de cobardes y perversos.

Has utilizado muy bien la pena, por tu salud, por la de tu madre...un día darás pena de verdad, y ese día estarás solo.

Es verdad que no has estado a la altura, has ido menguando cada día que pasaba, hasta desaparecer. Hazlo por favor para siempre. Ni la acoses, ni la sigas, ni la busques. Ni la encuentres.

No me vuelvas a utilizar a mí para volver con ella.

Por favor, no sigas con la idea de comprar allí el piso. Hazlo por ella. Para que viva feliz con quien sea y cuando sea.

A pesar de todo lo que hemos sufrido, se te ha ofrecido y se te ha dicho como hacer bien las cosas, hasta eso has despreciado. Claro que es tu vida, vívela como tú prefieras.

Sonia te lo ha dado TODO. Regalado a cambio de NADA.

Nos han vuelto a robar el alma. Y ahora has sido tú.

Cuando terminé de soltarle todo esto. Me vacié.

Él serio, mirándome, nervioso y tranquilo, callado, escuchando, asumiendo, asimilando, o en el fondo riéndose de mí.

Me prometió que no iba a volver a hacernos más daño.

Sonia mientras llorando en el asiento de atrás, y pidiéndole por favor, volver a intentarlo, que ya habían hablado lo de la infidelidad, y que podrían ser capaces juntos de superarlo.

Salí del coche, Sonia tenía cita en el psicólogo, ya no llegaba a su hora y él la acercó con el coche.

Los vi de lejos que paraban en la puerta, Sonia no se bajaba, pasaron 5, 10, 20 minutos, no llegó a entrar al psicólogo. Se había pasado la cita.

Yo seguí en la calle esperando, agarrotada por los nervios, pensando en lo ocurrido, contando hasta 70... ¡que no vuelvan! ¡que no vuelvan! 140...210... 1000... ¡Sonia abre los ojos!

¿Sirvió esto para algo? Para nada.

11 DE FEBRERO DE 2017.

Estaban juntos otra vez, habían decidido dejar de lado lo ocurrido e intentar olvidarlo.

Yo no entendía que después de todo lo que le dije ayer, tuviera la cara de seguir adelante. Si a mí a lo largo de mi vida, alguien me hubiera dicho semejantes cosas, me hubiera encerrado en una cueva para no seguir haciendo a nadie ningún daño.

Se me vino a la cabeza la palabra Loco. Y loca Sonia por seguir ahí, y todo una locura. Y loca yo y locos todos.

A los pocos días, volvieron las terribles frases, las que dinamitaban a Sonia, las que nada más escucharlas la destruían, las que ya tenía aprendidas de tanto oírlas, las que tanto miedo la daban...Eres muy cojonuda, vaya genio que tienes, voy a meter al enemigo en casa, lo quieres todo ya, hay otra vida después de esto, no quiero verte hoy, no hay quien duerma aquí con los gatos, no hay pilares en esta relación, tienes obsesión, necesito libertad, a guapi no le apetece hablar ahora, y que te sea leve.

Me cago en tu puta madre Javier, esto te lo digo yo. Seguramente también te lo decía ella, pero al minuto siguiente, ya te estaba pidiendo perdón.

Pasé días enteros leyendo páginas de psicología en internet. Luego tenía conversaciones con Sonia, conversaciones de horas, en las que la hablaba de lo leído, yo la avisaba de que era muy difícil ya salvar lo hundido, pero su terquedad se imponía.

En una infidelidad se pierde la comunicación, el respeto, la confianza y la estabilidad.

Es difícil perdonarla, hay que estudiar bien las causas. Y eso ya depende de cada uno.

Para restaurar la confianza después de ello, tienes que sentir que no te mienten más y que es honesto. Que no haya más excusas, que responda a tus preguntas, aunque estén bañadas de celos, que vuelva la paciencia, que permanezca a tu lado, que te haga sentir la número uno, una reina, la única, y agradecerte y valorar el esfuerzo que haces en perdonarlo.

Tendrá que estar dispuesto a aguantar el control, porque ahora tendrás sospechas, dudas y celos. Comprometerse más contigo y ponerse a ello.

frases sacadas de una página de internet:

La alegría, los gestos, la forma de hablarse, el gusto por el aspecto interno y externo, la sensibilidad ante las necesidades del otro, resaltar las características positivas, la manifestación del deseo, y que pase a ser su prioridad, son signos de enamoramiento.

Esto crea unos lazos de beneficio emocional mutuo, cuando algo de esto falla, se desencadena un desequilibrio, se termina la armonía y llega la intolerancia, el inconformismo y la frustración, y en consecuencia aparece la IRA.

Sonia, no se puede alcanzar la cima de la montaña, metida en un pantano de tierras movedizas, busca a quien te tienda una mano, para sacarte de ahí, valóralo. Y no defiendas a quien te dejó caer y encima mira para otro lado, sin escuchar tus llantos y tus gritos.

Cuantas excusas has escuchado, tengo que ir al pueblo, tengo trabajo, me voy a cenar a la sierra con los amigos, tengo que arreglar la moto, hoy estoy cansado, me voy con el coche hasta donde me lleve, necesito estar solo, estoy hasta los huevos de todo, desaparezco dos días del mundo, quiero estar hoy tranquilo, esta semana tengo curso en Valladolid, la próxima en Burgos, ya te mando la ubicación. Ya nos vemos otro día, voy ahora al tanatorio, se ha muerto un vecino...otro...otro.

Desde el día de reyes, yo no confié en él. Vi que la mandaba fotos de donde estaba, Sonia también le mandó fotos de la comida en familia, de los nenes tan ricos, de las primas. A los que no conocía aún. Pero ¿porque la mandaba la ubicación?

Reconozco que le estuve dando vueltas en la cabeza, y después de enterarme de lo de *E.* (la otra novia). Dudé si no seguirían juntos.

Se lo comenté a Sonia, y me aseguró que no. Que rotundamente NO. Que bastante mal lo había pasado él, guardando todo ese año el secreto y sufriendo por la culpa. Que no le dejaba vivir. Que nunca pasaría de nuevo por esa situación.

Y nos volvió la pena por él, por cómo le veíamos. Siempre triste y sufriendo. Y le creímos, claro que si ¿Será verdad que es un chico que no sabe decir que no?

Que buen día habríamos pasado hoy, si no fuera porque es el día de los enamorados.

¿Ellos seguían juntos? Pues sí.

Una de las ilusiones del día de reyes para Sonia, fue el comprar tres entradas para ver en el teatro el espectáculo del Rey León. Era el regalo para mí y para Javier. La pobre se gastó un pastón. Y llegado el puto día, encima hoy, 14 de Febrero, Javier como siempre, no podía ir.

Se lo dijimos a Ana Mari, para no perder la entrada, y se vino encantada con nosotras.

A estas alturas ya nos tenía Javier a las dos en su contra. Y caminando desde donde aparcamos el coche hasta la entrada del teatro, la llamó para felicitarla.

Ana y yo nos cagamos en su estampa. Y se lo dijimos a Sonia.

El tema se calentó, y casi terminamos haciendo nosotras de leonas, por culpa del león.

Tenía la decisión tomada, habían hablado y volvían a intentarlo. No podían estar separados, ni juntos, ni pegados, ni alejados, ni contigo ni sin ti...y con estos males...poco remedio. Contigo porque me matas, y sin ti porque me muero.

La función nos relajó un poco, en el fondo nos daba pena Sonia, y joderla su regalo.

Luego estuvimos por el centro tomando calamares y cañas. Que buen día de San Valentín...las tres solas por la calle, no vimos ni al santo, ni a sus flechas del amor, y eso que estamos las tres enamoradas.

Ya de vuelta a casa, de refilón la vi el móvil que hablaba con él por WhatsApp. Y me veo que la manda otra puta ubicación. No la dije nada, hasta el día siguiente.

Descubrí en Google que hay una aplicación para móviles, para mandar una ubicación falsa. Para decirle a alguien que estás ahí...pero es que no. Y me puse con Fernando a mirarlo, y la descargué, y lo probé, y la mandé desde mi móvil, con muy mala leche reconozco, una falsa ubicación, nos habíamos ido en un minuto a la playa.

_ Sonia, por si acaso, abre bien los ojos.

_ Ya estás mamá. Venga a meter mierda.

_ No me lo creo mamá, por fin me lleva Javier a conocer a su hermano. Llevaba días diciéndome que lo iba a hacer, que no le presione más. Y ayer le llamó y hoy podían vernos.

Viven en la Sierra. También va a estar su mujer. Estoy muy contenta, llega el día tan esperado, ya solo espero que lo siguiente sea conocer a los padres. Pero de momento me conformo con esto. Es ya un paso.

Él está nervioso. No sé qué teme, seguro que les caigo bien. Luego te llamo y te cuento.

_ Pásalo bien hija, pasarlo bien y tener cuidado.

_ Ya estoy en casa, ha ido todo bien. Mañana te cuento, que se queda hoy en casa a dormir Javier. Y estamos muy cansados.

_ Llegamos a la Sierra, y habían quedado en un bar, llegamos antes y estuvimos dando una vuelta por el pueblo, Javier me llevó a una carnicería que conoce y hemos comprado cosas, ya te llevaré unos chorizos.

Cuando llegó el hermano, con la mujer, no sé lo que sentí, empecé a llorar y se quedaron un poco impresionados.

Les dije que me perdonaran, pero que llevaba mucho tiempo esperando que llegara ese momento y ahora había reaccionado así. El hermano es muy agradable, y tan cariñoso como Javier, me abrazo y todos nos relajamos. Tomamos un café y estuvimos charlando.

En un momento que se fue Javier al baño, el hermano me dijo que sentía el verme en ese estado, que Javier era como un niño, que lamentaba la situación que teníamos, que a los padres les tenía preocupados, y que, si necesitaba algo, podía contar con él.

Quedamos en vernos otro día, tenían prisa por algo. No recuerdo qué.

En el coche, volviendo a casa, he hablado con Javier, le he hecho ver que no era para tanto, que ha ido todo bien. Que su hermano es muy agradable. Y que tiene, por favor, que quitarse ese miedo a todo. Miedo a sus padres, a llevarles la contraria, a avanzar conmigo, a comprometerse.

Me ha dado la razón. Él quiere que ya de una vez por todas, estemos bien. Que nos esforcemos juntos, y que se alegraba de lo que había logrado hoy.

Se ha quedado a dormir conmigo. Y me ha hecho feliz mamá.

27 DE FEBRERO DE 2017.

Hemos vuelto a discutir, ahora otra vez por los gatos, por el ruido que hacen, porque no puede dormir. Si les encierro en el salón, se ponen a tirar todo, si nos encerramos nosotros en la habitación, se pasan la noche corriendo por el resto de la casa. Han terminado los tres metidos en el tendedero. Habrán pasado frio los pobres, pero por no oírle... Me pone Javier muy nerviosa, está siempre con ansiedad y yo creo que a los gatos les pasa también. Desprende angustia por todos los poros de su piel.

Ya me ha dicho que hoy no viene a dormir, que se irá a su casa a ver si descansa algo.

No sé qué quiere que haga con los gatos. Eso lo tengo claro, a los gatos ni tocarlos.

Ya me va a tener días obsesionada y pegada al móvil. A ver cuando vuelve a aparecer, a ver cuántos días tarda en dar señales de vida. Cuando se pone así, ya sé lo que hay. Otro fin de semana que libro en el trabajo, me lo pasaré en casa sola. ¿Qué hago yo ahora? Es que no me apetece nada, me quita las fuerzas, la alegría, ya me vuelven los dolores. Joder que rabia. Joder.

****

Volvió a los días como si nada, otra vez la charla, la misma charla, que te quiero mucho, pero esto no va a poder ser. Ahora están bien, pero a la mínima vuelven a no estar.

Unos días veo su cara y reconozco a mi hija, otros días no sé ni quién es. Y siempre coincide si está o no con él. La cambia hasta el cuerpo, la veo alta o baja, gorda o delgada, sucia o arreglada...depende. Y ese es el problema. Que demasiado ¨Depende¨ Está tan desquiciada, que discute en cualquier sitio con él, conmigo...con quien se la ponga por delante.

Discute por teléfono, en cuanto sale de la clínica, en medio de la calle, mira que se lo tengo dicho, que se la escucha todo, que la conoce la gente, que se deje de dar espectáculos. Hartos nos tiene.

Los lunes aparece el fantasma, los viernes se le vuelve a dejar de ver.

Marzo empezó igual. Llegó el viernes 10, y ya se lo montó para que saltara todo otra vez por los aires. Ya la advirtió que estaba mal e iba a desaparecer.

Que mal Sonia, siempre coincidía que eran los fines de semana que ella libraba de guardias, y ya sabía que se los pasaba en casa mirando el techo.

Empezó a llamarle cuando terminó de trabajar el viernes y siguió el sábado, y ya pasó de cogérselo. La obligué a irnos a dar un paseo al Centro Comercial, no sé para qué, porque solo vio...teléfono. Tomamos una caña...con teléfono, compró una camiseta y pagué yo porque seguía mirando, el teléfono...esperando verle en línea, o vivo, o escribiendo.

A la vuelta para casa, nos pasamos por su casa a ver si había luz, allí no había nadie.

_ Pues vamos al chalé a ver si está allí el coche y está con sus padres.

Por no oírla, la llevé, no estaba el coche de Javier, pero sí estaba el del hermano. Sonia lo conocía del día que estuvo en La Sierra con ellos.

_ Para, para, tengo que saber algo de él. ¿Qué hago? ¿Llamo por teléfono a los padres? no tengo el teléfono del hermano, ¿no saldrá nadie a la calle?, no sé qué hacer.

Una hora justa, entera y algún minuto más, estuvimos metidas en el coche, sin atreverse a llamar, a bajarse, a irnos, a mandarlo todo a la mierda.

Vaya situación. Y bajó temblando, y llamó a la puerta, y salió el hermano, y la saludó, y la invitó a entrar, pero Sonia dijo que no, que no quería molestar y apareció la madre por el jardín y su hijo la dijo que volviera a entrar. Y hablaron en la misma calle, y yo metida en el coche, sin respirar.

_Dice el hermano, que ha estado Javier aquí comiendo hoy, pero que hace un rato ya que se ha ido y no saben a dónde. Que ha estado bien. Que siente el verme en este estado, que su hermano es como un niño, que está dando ya muchos disgustos a sus padres, que no saben qué le pasa, y que lo mejor que me puede aconsejar...es que me aleje de él, si quiero ser feliz, Y que no me puede ayudar más.

Y otra vez igual, ¿y ahora qué hago?

Antes de llegar a casa, la llegó un WhatsApp, de él.

_ ¡Es lo último que me esperaba de ti

Hemos terminado!

****

Más de lo mismo. Sin levantar cabeza, sin saber de él. Otra vez en modo Pausa.

Al día siguiente, domingo, fuimos a casa de la abuela, y a la vuelta ya de noche, pasamos por casa de Javier, no sé ni cómo, el imán entre ellos les volvió a atraer, y le vimos entrando en una tienda, de las que a todas horas venden pan.

Se tiró del coche en marcha, no me dio tiempo casi a frenar, y le esperó, y le habló, y le pidió perdón por haber ido a preguntar por él a su casa, y le rogó seguir, y él, ni se dejó tocar, ni cedió, ni se alegró de verla, y el frio que sintió la dejó helada. Y no me volvió a gustar nada lo que vi desde el coche... sus ojos azules y su mirada.

La tuve que recoger otra vez de la calle. Y llevármela para casa.

Otra vez loca, locas, de locura, así terminamos mal, o ingresadas.

No sé cómo pudo trabajar esa semana, era un alma en pena, un alma en pena pegada a un móvil, quemando pantalla, sin dejar que se apagara, sin salir del WhatsApp.

No fuera a ser que se perdiera el "escribiendo".

Al salir de la clínica, iba yo a buscarla, la relajaba un rato verme y dar una vuelta al lago. Hablando de él, de él, de él...y también de él. Se iba tarde para su casa, y el verla irse así de triste y sin querer estar allí sola, me partía el alma.

Otra vez al psicólogo, cada tres días.

La está ayudando mucho. Ya sabe que es una relación tóxica, que siempre están en una luna de miel inacabable, por darla las cosas y luego quitárselas, por eso está enganchada. La ha dicho que él tiene un gran complejo de Peter Pan, que no quiere madurar, que es como un niño, y yo pienso que ella es un poco Wendy. Cree que necesita cuidar siempre a alguien.

Pero la decisión de ponerle fin a todo esto, la tiene que tomar ella. Solo está en sus manos.

21 DE MARZO DE 2017.

Ayer Lunes, fue fiesta, pasaron a este día, San José. Nos fuimos Fernando y yo a comer con ella a su casa, hoy tenía guardia en la clínica, pero la que estaba para ir de urgencias era ella.

Vimos que Javier había cambiado la foto en su Facebook. Y allí estaba él, tan tranquilo, tan apuesto, apoyado en su coche rojo, con el acueducto de Segovia a sus espaldas. Y ya empezó el dolor... ¿Quién le había sacado la foto? Y ¿cómo se había ido a pasar fuera el día de fiesta, aún le quedaban ganas? ¿Y cómo tenía tan buen aspecto con lo que había pasado?

La llamaron unos clientes, y llorando se fue a la clínica, la vinieron tres urgencias.

De hoy no pasa, no puedo seguir viendo así a Sonia.

Me fui a dar una vuelta por la tarde a la calle, y mis pasos me llevaron a casa de Javier. Allí estaba el coche aparcado. Y luz en su casa. Si hubiera tenido valor, habría llamado y habría subido, pero ahí me quedé en la calle, decidiendo a ver que hacía, y midiendo las consecuencias, dos horas y media esperé de pie, y ya cuando me iba a ir, porque ya iba a salir Sonia del trabajo e iba a ir a buscarla. Javier salió de su portal, con una maleta, me vio ir hacia su coche, me saludó y me pregunto ¿Qué pasa?

Le pedí la verdad, si Sonia había sido solo un entretenimiento. Ella necesitaba respuestas, estaba mal y nosotros preocupados por ello.

Me aseguró, que la amaba como a nadie, que solo con ella había sentido eso. Que no estaba con nadie más, que ya bastante había jodido todo con lo que hizo el primer año, y que quería estar con ella para siempre, pero que primero tenía que estar bien él.

Que estaba yendo a otra psicóloga y le estaba ayudando mucho, esta era mujer. Que necesitaba tiempo. Y que hablaría un día de estos con ella y ver que iban a hacer.

Le pedí por favor, que no hubiera más daños...me lo prometió.

Se iba a un curso a Valladolid, me dijo que me acercaba a casa, ya andaba Sonia llamándome al móvil. Me acercó con el coche, volví a verle como un chico angustiado, triste, sin saber dónde ir.

Sonia estaba de los nervios, al no verme a la salida de la clínica, se imaginó que había ido a encontrarme con él.

¿Qué ha pasado mamá, le has visto, que te ha dicho, donde estaba...?

Luego dos horas más tarde, me mandó Javier un WhatsApp.

Hola Paloma, he llegado bien. No sé qué le has contado a Sonia, pero espero que este algo más tranquila. Me duele mucho que esté así por mi culpa y vosotros también. No sé si escribirla para que se tranquilice...o quedar un día con ella y darnos ese abrazo...lo siento mucho por todo lo que os he complicado la vida.

Gracias Javier por preguntar. Ella me está diciendo que te quiere escribir, pero no molestar. Está más tranquila y yo también. Seguimos creyéndote. Cuídate mucho. No sé qué tienes en el fondo que no se te puede dejar de querer. Encuéntralo tú también, que descanses Javi.

Gracias por todo, cuídate y cuida mucho de Sonia por favor. A mí me pasa igual con vosotros. Descansar y buenas noches.

****

Sonia seguía yendo al psicólogo. Tenía una libreta donde apuntaba sus sentimientos, era una terapia, una forma de sacar de dentro lo que la hacía tanto daño, notas como si se las estuviera diciendo a él, luego lo hablaban en la siguiente sesión, y la psicóloga la daba unas pautas. Confieso que, aunque lo leí un día que estuve en su casa, no había nada que no supiera ya por boca de ella. Pero verlo escrito con su propia letra y con el corazón roto entre los renglones, me conmovía, me desgarraba.

Notas: *Odio que desaparezcas todos los fines de semana, que tengas más trato con familias de amigos o compañeros que con la mía, que no me cojas el teléfono. No soporto que después de casi tres años no conozca a tus padres. Me ha dolido mucho el saber de tu doble vida durante el primer año. He pasado mis límites perdonándote por esta causa, has sacado lo peor de mí, y eso que ya me callo a todo por miedo a que me abandones, y tú no has hecho nada para encontrarnos mejor. Me presentas a tu hermano y luego me dejas a los*

151

15 días, no llego a entenderlo, ahora si ahora no, siempre cuando tú quieres, siempre lo que tú digas. Cuando volviste en Septiembre tenías que haberme contado la verdad, y entre los dos lo hubiéramos arreglado. Te veo y me tiembla todo el cuerpo, necesito tus besos y tus abrazos, me da ansiedad cuando me pides más tiempo, tu siempre haciendo cosas y a mí ya no me motiva nada. Cuando te exijo cosas, te has sentido aún peor y yo más culpable. La vida se molesta en encontrarnos una y otra vez, será una señal. Ahora tengo pánico a que te compres al final el piso, por si todo sale mal. Y me preocupa mucho y le doy 40 vueltas a lo que me dijo tu hermano, que eres un crio y que no sabes ni lo que quieres. Perdemos mucho tiempo, pudiendo estar juntos, sé que tengo que tener paciencia, pero ya no la encuentro, sigo llorando con el tema de la otra. Has dado tantas alas a mis ilusiones...eres mi talón de Aquiles, mi debilidad. Odio tus mensajes de WhatsApp llamándome cielo cuando estamos distanciados y luego cuando volvemos y te los pido, no me lo quieres decir. Soy yo la víctima y encima tengo que animarte a ti. Me ilusionas una y otra vez y pasado unos días me dices que no puede ser, y vuelvo a odiar el estar sola y abandonada. Si te hablo sé que te da ansiedad, pero si no lo hago la tengo yo, y mi única obsesión es poderte ayudar. Estoy todo el día pegada al móvil, y por la noche tengo pesadillas y me despierto sobresaltada de que ya no te voy a ver. Sigues haciendo las cosas tú solo, y yo no puedo verbalizar lo que siento y lloro. Y siempre cedo. Creo que eres cruel, te enfadabas cuando te pedía el conocer ya a tus padres, y tú sabías el motivo, me dejaste sentir culpable, loca, celosa, posesiva por dudar de ti y de tu fidelidad y al final era cierto. Tampoco tú me dejas ir, no me rechazas, no me cierras puertas, y yo sigo aquí. Ya sé que no has sido sincero, y lo peor por lo que pasé fue cuando cogiste las cosas de mi casa, eso fue terrible, de verdad terrible. Sigo en tus manos, en tu tiempo, en el sí y en el no, en un limbo del que nunca llegare al cielo. Que me hablas de un futuro en el que te ves conmigo, pero yo te quiero ahora, en el pasado y en lo que conseguiremos estando juntos. Me desespero, me desespero.

No tardaron en volverse a ver. Actuó de nuevo el invisible imán, y la noche siguiente, cuando iba Sonia de camino a su casa, después del trabajo, le vio delante de ella, con el coche, parado en el semáforo, la vio por el retrovisor, aparcó a la derecha, ella también aparcó, se bajaron, se miraron, se abrazaron, se besaron, ...se volvieron a prometer amor.

Decidieron dejar pasar un tiempo, para volver a intentarlo, él tenía que trabajar con la psicóloga, y le había recomendado un poco de tiempo y espacio.

Ella se lo concedió, y a los cuatro días, que era lunes, los lunes que aparecía el fantasma, la escribió, que quería verla, que fuera para su casa, Sonia no se lo esperaba, y aunque estaba deseando también verle, le dijo que no. Que era mejor que pasara el tiempo para que se encontraran más seguros y fuera todo mejor.

Siguió insistiendo y ese tiempo se acortó, quedaron en verse al siguiente día.

Fueron al parque Juan Carlos, querían que fuera como una primera cita, en la que solo hablaron, del pasado, del presente y por supuesto del futuro. Como una relación nueva. Como si tuvieran de nuevo que empezar a conocerse.

Quedo todo aclarado, irían despacio, pero ahora era a él a quien le invadía la impaciencia. Y la llamaba desde su piso por las noches, para que fuera a dormir con él.

Sonia quería hacer bien por fin las cosas, y le decía que no. Hablaban solo por WhatsApp, todos los días, buenos días princesa, buenas noches amor...

Y llegó Semana Santa y se vino con nosotros a la playa, cargada con los tres gatos,

Lo pasamos bien, estaba más relajada, estaba guapa, delgada, porque sabía que volvería a estar con él.

Hablaban por WhatsApp, la mandaba fotos, él se fue a Cantabria solo, la dijo que lo necesitaba, que estaba agobiado con el trabajo, con la situación de ellos, con todo, que se lo había recomendado el psicólogo. Que necesitaba estar solo y pensar en su vida, en ella, y en ponerle por fin solución a todo.

La mandaba fotos en la montaña, en un lago, en un parque con pingüinos, diciéndola que estaba muy triste y que todo le recordaba a ella.

Que a la vuelta sería todo muy distinto, que se daba cuenta de que no podía seguir así, y que quería formar cuanto antes una familia con ella, que estaba seguro de que sería la mejor madre para sus hijos, y que a lo mejor eso es lo que le hacía ya falta.

En cuanto llegó el lunes Sonia a Madrid, volvieron a verse y se quedó a dormir en su casa. La dijo que iba a llevar allí todo, para empezar a vivir con ella.

Que le quedaba una cosa pendiente, hablar con sus padres para contarles que está con ella, y que acepten su decisión.

****

Volvemos de la playa, la vemos bien, los vemos juntos, se van el fin de semana siguiente a unas bodegas en Valladolid, nos cuenta a la vuelta que ha estado muy bien. Que se han divertido mucho juntos, que él es verdad que parece otro, que ha llevado más ropa y cosas de aseo al piso. Que se ha ido al pueblo un Sábado, pero volvió con ella pronto el Domingo, que va a buscar ya el momento idóneo para presentarla a sus padres, que lo va a hacer bien, ya por fin. Lo va a hacer.

Incluso a mí me volvió a hablar por el WhatsApp, tan cariñoso y agradable como siempre. Un príncipe Encantador.

Me quedé un día encerrada en el ascensor del piso de Sonia, una hora allí metida, hasta que vino el técnico y pude salir,   me preguntó que tal estaba, si se me había pasado el susto, le conté como fue, le pregunté por él y por sus padres, me dijo que todo iba bien, despacito, pero con buena letra. Que tenía ganas de vernos, que lo haría en unos días, que un beso y que muchas gracias por todo.

Sonia por fin remontaba, se la veía algo más feliz, más tranquila, y como siempre muy muy enamorada.

_ Mamá, hoy me ha dado Javier, una gran alegría, se va a venir con nosotras a casa de la prima Cristina, a conocer a la familia, el lunes que es fiesta, y hemos quedado en ir todos.

1 DE MAYO DE 2017.

No me lo creía, hoy habíamos quedado con la abuela y las primas, para vernos en una de sus casas. Las avisé que venía Javier con nosotras, que por fin le conocerían. Iba a ser estupendo.

Me dijo Sonia que había pasado la noche intranquilo, le apuraba el momento de ir.

Me recogieron con el coche, Fernando se quedaba en casa, era un follón ir allí con la silla, y también él tenía pocas ganas de follones. Igual que él me da la libertad de ir donde yo quiera, le doy yo la libertad de quedarse donde quiera él. Y su lugar preferido es en casa, en su sillón, con sus series de la tele, y su merienda preparada. Y como dice él muchas veces... ¡el que quiera verme...que me venga a ver!

Yo vi a Javier muy tranquilo, simpático, había comprado Sonia pasteles, y estuvo allí sentado en el sillón, relajado, hablando y mi familia como siempre, unos encantos y Sonia por supuesto la más encantada. Vamos que no se lo creía.

Le enseñamos la casa, y pasó por delante de tu foto Marga, querida Marga, cogí el marco en mis manos y le dije, mira Javier esta era mi hermana Marga, aquí ya estaba muy malita, es del día de la boda de su hija Cristina, solo unos meses después, nos dejaba.

Y a todos se nos escaparon unas lágrimas con tu recuerdo, cuánto te hemos querido, cuánto te queremos, cuánto te echamos de menos. Nos haces mucha falta.

Dos horas después de que me dejaran ya en mi casa, sonó el teléfono.

_ Mamá, me quiero morir, el hijo de puta no está solo conmigo, está con cuatro.

_ Hija por Dios, que dices deja de gritar, que ha pasado.

_ Cuando hemos llegado a casa, me dice que se baja a dar una vuelta a la calle, para relajarse, le digo que me espere y bajaba con él y me dice que necesita estar solo. Que solo va al coche un rato.

Me quedé en casa tranquila. Pasé frente al despacho, para ir al baño, y vi encima de la mesa su mochila, no sé qué me llevó hacia ella la mirada, ni recuerdo como fui hacia allí, pero me vi de pronto con su cuaderno en las manos, el que lleva a la psicóloga, y lo he abierto y he leído algo.

Son notas que le han hecho escribir, deberes para terapia psicológica, se remontan a su niñez, y hay preguntas, y pone esto mamá... ¿Qué puedo hacer por ese niño para que esté bien? Y responde: tener mucho cariño, tranquilidad, estar arropado, sentirme querido, que no me lleven la contraria, ni tener rollos con la familia. ¿Qué puedo hacer para que no llore...? ¿Cuál es tu mayor necesidad?...

En otra página aparecen cinco nombres, el de su primera novia *A*. y la define como radical, despegada, egoísta, y alcohólica.

Pero es que sigue la famosa *E.* la del primer año de estar conmigo, y dice: confía en mí incondicionalmente, hace lo que yo la digo, no broncas, no discusiones...

Sigue una tal *V.* que yo ni sé quién es, y añade: independiente, autosuficiente pero pendiente de los demás, me da mi espacio, me quiere, me apoya.

Espera que hay una más, se llama *N.* y de esta cuenta: piensa en pareja y formar una familia, empática, me ha apoyado mucho con todo.

Y, por último, y menos mal que no hay más, estoy yo. Sonia: dulce, cariñosa, mimosa, hija única, sus padres la han acostumbrado a cosas que yo no veo, valora las cosas, pendiente, apoya, ayuda, agobia.

En otra página pone, ¿qué me dice mi corazón y mi instinto? Tengo miedo a esta situación, por hacer daño a *E.*, *V.*, *N.* y Sonia. Por hacer daño a mi familia y que dirán de lo que digo y hago. Por otro lado, me dejo llevar y estoy a gusto solo con una. No tomo la decisión porque tengo beneficios...me tengo que boicotear a mí mismo. Fecha tope: Agosto.

¿Qué significa todo esto mamá?, ¿que está con ellas?, no he podido seguir mirando. Me va a dar algo. Se ha bajado sin las llaves y está llamando ahora al telefonillo, este no sube más a mi casa hasta que no me aclare todo esto. Te dejo que me bajo a verlo.

_ Por Dios, tranquila hija, habla con él, que te lo explique y por favor ten cuidado.

A las tres de la madrugada, me estaba llamando para contar lo que había sucedido, yo la estuve esperando con el móvil en la mano sin saber qué hacer, si ir a buscarla, tomarme cuatro tilas, o irme derecha al hospital antes de que me diera un infarto.

Bajó a la calle a por él. Le vio wuaseando por el móvil. Le dijo de alejarse del bloque, y en el descampado de enfrente, le pidió explicaciones, de con quien estaba hablando, y él la dice que, con su hermano, le dijo que le enseñara entonces el móvil, y él se negó, claro, forcejeo con él y le agarró el móvil, llego a ver una conversación, y era con la tal *V.* mandándola besitos y diciéndola

163

que sí que le importaba. Entonces le pregunto quién son *V.* y *E.* y *N.* y va y la dice, ¡que tonto he sido con dejar arriba el cuaderno, ya me has pillado! Se lió el pollo claro, que cabrón.

La juró que seguía hablando con ellas, pero solo eso. Que las tenía cariño y que las necesitaba, que solo eran amigas, que sabía que eso a Sonia la iba a hacer daño y por eso se lo había ocultado.

Que tendría que solucionarlo, pero no sabía cómo. Que por eso estaba yendo a la psicóloga, para poder romper esos lazos. Que estuviera tranquila que iba a solucionarlo. Sonia no daba crédito a lo que estaba escuchando, con todo el tiempo que la había negado para estar con ella, despreciando su apoyo y ayuda y lo buscaba fuera, en otras, cuando la novia era ella.

Y volvió a aparecer la ira, y la rabia, y el llanto, y la angustia, y el dolor en el pecho y ya casi sin fuerzas, le dio dos ridículas bofetadas.

Lo último que vio de él, fue su puto coche rojo, acelerando hasta quemar el motor y las ruedas, dejando una nube negra de humo, por toda la avenida arriba. A las tres de la madrugada.

Hablaron por WhatsApp al día siguiente, la prometió que iba a hablar con la psicóloga y que irían los dos para que les ayudaran. La juró una vez más que las otras eran solo amigas, y que por favor estuviera tranquila. Sonia le creyó.

WhatsApp.

Qué pena de cómo terminó ayer el día. Como todo lo importante para Sonia, tienes una habilidad para jodérselo, tú estás hoy mal. Pero ella ha tenido que bajar a trabajar ahora sin poder respirar y llorando. Esto ya lo llevamos viendo mucho tiempo. Aún así te hemos seguido tratando bien toda la familia y ayer tuviste la muestra. ¿Cuándo vas a hacer tú algo bueno por ella? ¿Cuándo vas a dejar de mentirla? Esta semana ha discutido otra vez con su amiga Ana por defenderte y ni te lo contó para no hacerte daño y no hundirte más...pero veo que te hundes tú solo. Nosotros somos buena gente y damos oportunidades, pero cuando llegamos al límite, desaparecemos de la vida de la persona que nos daña, para siempre. Ni me digas que lo sientes, ni mucho menos insinúes que la culpa es de Sonia. ¿Qué daño te ha hecho ella? A lo mejor decirte cómo eres. Cumple por favor con lo de ir con Sonia a la Psicóloga y empieza a hacer las cosas bien. No tienes 5 años. Eres un HOMBRE. Y si no eres capaz, asume tu vida sin aprovecharte de nadie. Lee este versículo de la biblia... ¿De qué le sirve a uno ganar el mundo entero si se pierde o se arruina a sí mismo? Lucas 9,25

Recapacita sobre todas las cosas y mejora por tu bien y el de TODOS.

Como le dije a Sonia ayer, tengo un problema y grave, no fui capaz de solucionarlo antes de volver con ella después de semana Santa, veía que la perdía, pero yo sigo sin estar bien.

He hecho lo que he podido en este tiempo para solucionarlo, me está consumiendo como persona y arrastro a los que tengo alrededor. Es una de las cosas que me estoy planteando, por que estando así, ¿dónde voy con mi vida? ¿A seguir haciendo daño? No quiero seguir así, no quiero esta vida que tengo y llevo. Sé que las cosas buenas que he hecho por Sonia, no lucen con todas las malas que habéis tenido conmigo. Esto no es problema de Sonia, es un problema que tengo yo, lo asumo.

Yo nunca he querido haceros llegar a este punto de dolor y rabia. Se me ha ido de las manos completamente. Voy a hablar con mi psicóloga, a contarle todo lo ocurrido, replantearme mi vida y dejar de hacer daño a todos los que estáis a mí alrededor. Voy a leer la cita de la biblia que me has dicho, gracias por los consejos y por todo, se me cae la cara de vergüenza, no te imaginas lo mal que me siento con todo lo ocurrido.

¿Vas a llevar a Sonia contigo a la psicóloga como te pidió? Y te lo pido yo también.

Voy a hablar con la psicóloga primero y contarle lo ocurrido. Estoy trabajando y estamos encontrando la raíz de mi problema

Sé con la psicóloga sincero. ¿Y crees que Sonia se merece más días así? ¿Qué haces que no estás con ella apoyándola?

Sé que no se merece nada de esto que he creado con mis problemas, hoy no estoy en condiciones de nada, y después de lo de ayer la tengo miedo. Entiendo su rabia.

Pero no me gustó nada lo de ayer.

Los que te tememos somos nosotros y ella por todo lo que lleva y sigues haciéndola. ¿A ella te crees que le gusto lo que se encontró? Te dio una bofetada de la rabia y al límite que la has llevado. Veo que ya tienes la excusa para no solucionar esto.

Paloma, no es una excusa, es como me siento, sé que para vosotros y para ella no es fácil lo que se encontró, ya se lo expliqué.

Para mí tampoco es fácil todo esto,

te repito que no quiero esta vida, y

el que tiene el problema soy yo.

Y con Sonia que vas a hacer. ¿La

vuelves a dejar tirada otra vez?

Te he dicho que la tengo miedo

desde lo de ayer, yo la he hecho

daño y ella a mí también, lo primero

es hablar con la psicóloga y a ver si

se calma todo.

Si sigues confundiendo quien es el

verdugo y quien es la victima esto

tiene poca solución.

Si a la psicóloga le cuentas solo tu versión se pondrá siempre de tu lado y eso no te va a ayudar.

Por eso el interés de que vaya Sonia. Por favor es lo último que su padre y yo te pedimos y es que la lleves. Si lo bueno que sientes por Sonia es sincero, sigue peleando por ella como te ha pedido y no desaparezcas.

Aquí estamos todos jodidos, cada uno por lo suyo, por culpa mía claro.

Quiero poner solución a mis problemas, por que como te he dicho, no quiero seguir con esta vida.

Lo principal es eso, si no se soluciona, por mucho que nos queramos no va a funcionar nada, y las cosas por cojones tampoco funcionan.

No tengo ningún problema en llevar a Sonia a mi psicóloga, pero primero tengo que hablar yo con ella. Y si en algún momento tengo que desaparecer, va a ser por el bien de todos, no por otra cosa.

Espero que se solucione todo esto pronto, por favor, Sonia no se merece más días así. No nos gusta ver a la gente como sufre, se pasa muy mal.

Nadie se merece sufrir, yo nunca he querido hacer daño a nadie, no he gestionado bien mi vida ni mis actos.

Pues es fácil actuar bien si uno quiere. Y si no se sabe se deja uno aconsejar. Se escucha y se aprende. Inténtalo por lo menos. Que descanses.

Si yo lo intento, pero hay mucho trabajo que hacer y mucho que solucionar, esto no es de la noche a la mañana. Descansad vosotros también.

Pasé todo el día en casa de Sonia, hablando e intentando comprender las cosas, no podíamos pensar que Javier la hiciera ese daño. Ella me aseguraba que cuando estaban juntos se le notaba a gusto con ella, que llevaban ya días viviendo juntos y que se le veía más feliz, con planes y ganas de avanzar, que sus relaciones sexuales eran frecuentes y buenas, no era posible que pudiera estar con alguien más, pues el trabajo, y la salud de su madre le ocupaban todo su tiempo.

Ojalá esto hubiera terminado hace ya tiempo, pensaba yo, pero Sonia no podía hacerse todavía a la idea. Estaba aferrada a él, a conseguir lo que tanto querían, y solo deseaba ayudarle y poder salir juntos de este problema.

Solo le pidió por favor, poder ir a la psicóloga con él, sabía por boca de Javier, que ella sabía ya toda su historia, y Sonia quería ya respuestas a tantas preguntas.

El día 3 de Mayo, después de dos días de estar con Sonia en su casa, pues era fiesta y no trabajó, hice otro gran esfuerzo y escribí a Javier.

A montar en bici, nunca se olvida, a ser buena persona tampoco. No sé porque te empeñas en no querer serlo. Es cierto que no sabes cómo, por eso está bien la ayuda de psicólogos y médicos, pero es la familia la que siempre está ahí, y te dará el mejor apoyo. Y Sonia se ha sentido siempre tuya. Y te ha tendido siempre su mano. Dando palos de ciegos sin saber la mejor forma de hacerlo. A veces bien a veces no, pero siempre sincera contigo. ¿Por qué buscaste el cariño fuera cuando ella tiene de sobra para darte? Si se abre uno y cuenta sus problemas, los que te quieren encuentran antes las soluciones. Porque muchas veces no te habrás

177

sentido comprendido...pero tú no te has explicado. Y tú como profesor que das cursos,

deberías entenderlo...cuando algo no se entiende se pregunta mil veces y ese ha sido el erre que erre de Sonia. Claro que te ha agobiado esto, ahora entendemos que no te atrevías a darle respuestas. Pero fíjate que fácil solución también tiene esto. Eso también está en tu mano. Tú tienes que saber que quieres conseguir en la vida y copiar buenos modelos. Eso es fácil también. Ya te he dicho que no nos gusta ver a la gente sufrir, también me refiero a ti. Pon todo de tu parte. Cuídate.

Gracias por todo Paloma, no quiero seguir haciendo sufrir a nadie. Soy dañino. Mañana tengo cita con María, le voy a contar todo y que nos oriente. Gracias una vez más.

Fue a la psicóloga, solo, a Sonia no la dio ni la dirección. Y por la noche, cuando salió ella de trabajar, la mandó un WhatsApp, diciéndola que era mejor dejarlo por un tiempo, que iba a hacer caso a su psicóloga, y que de momento no podían estar juntos, que ya se habían hecho mucho daño el uno al otro, que primero tendría que mejorar mucho como persona, que iba a necesitar mucho tiempo, y que más adelante ya se vería. Que tenía que cambiar todo de su vida, dejar de ser frio y calculador, dejar de mentir, de manipular, de ser toxico y dañino, Y que la psicóloga no la podía recibir, no trataba a parejas. Que lo que hacía era por el bien de todos. Y que fuera fuerte y feliz, que sabía perfectamente que lo podía hacer.

Tuve que ver a mi hija como se iba sola para su casa, a las 12 de la noche, llorando, y sin quererse ir. Cansada de trabajar todo el día, cansada de esperar su llamada, cansada de ver que se quedaba igual, cansada de no tener respuestas, sin saber el porqué, cansada, muy cansada.

Hasta aquí llegó mi paciencia.

A partir de hoy si irrumpes en la vida o en el entorno de Sonia, sin su permiso, entraré yo en la tuya. Ya nos conocemos todos y ya sabemos dónde estamos. Tengo tu ropa con la que hiciste creer a Sonia que ibas a vivir con ella. Ya te la haré llegar de alguna manera. Y no sigas utilizando los LO SIENTO. Ya suenan vacíos y falsos. Espero que mejores como persona. Y no haya más víctimas. Esto por fin se ha acabado.

Si he tomado esta decisión es por el bien de todos, mi intención era esa, vivir con ella, pero no podíamos seguir así por mi culpa y que siga saliendo cada día una cosa nueva del pasado. Mi intención con esta decisión es esa, mejorar como persona, que ya está bien. Ya hablaremos de la ropa más adelante, es lo que menos me preocupa ahora mismo.

No te preocupes, que no voy a seguirla, ni molestarla, quiero que este bien y sea feliz de una vez.

Tampoco quiero que me sigáis a mí ni a mi entorno, voy a hacer mi vida y a seguir con mi terapia que es lo que necesito,

Para que veas que me tomo en serio lo que me has dicho la voy a borrar del Facebook y del WhatsApp y la dejo tranquila de una vez.

Cuidaros mucho todos.

Cuando Sonia, vio que la había bloqueado en las redes, entró en pánico. Y empezó a caer, a caer, y a caer.

Por la tarde fui a casa de Sonia, a ayudarla con la limpieza, como muchos días, y al llegar al portal con el coche, le veo en la entrada, hablando con una chica de la promotora, y con unos papeles en la mano. Frené y me quedé esperando. Su coche rojo estaba delante, el estómago se me revolvió viéndole allí, como si nada, riendo, saludando a todos los vecinos, haciendo como siempre de encantador, tan simpático y agradable él, despidiéndose de la mujer con un beso, saludando a los porteros, tomando posesión.

Cuando terminó de hablar, bajé sin fuerzas de mi coche, fui hacia él y me vio.

_ ¿Qué pasa ya has conseguido lo que querías? ¿Has comprado el piso?

_ No, solo he venido a traer unos papeles, pero no voy a llegar a tiempo de la firma, no he vendido el mío aún.

_ ¿Y Sonia qué? Tú sabes el daño que la has hecho, no lo has medido, la has pillado con una edad, en la que estaba llena de ilusiones, de vivirlas junto a ti, y has jugado con ella.   ¿Y las otras, que son?

_ Te juro que solo son ex, con las que tengo amistad y hablo a diario con ellas, me ayudan con mis problemas.

_ ¿Y eso no se lo podías haber dicho a Sonia?, si son solo amigas, ella lo hubiera respetado. Los amigos no se deben perder. ¿No te bastaba con tu novia para contarla a ella tus preocupaciones?

_ Tenía miedo de perderla, es el amor de mi vida, solo con ella me he encontrado bien.

_ Y lo de la psicóloga ¿por qué no lo hiciste?, es lo único que te pidió ella.

_ Me dijo, que tiene mucho trabajo y no la puede atender, que tendrá que trabajar mucho conmigo, y que esto va para largo, que tengo que lograr estar bien. Y Sonia lo quiere todo ya, y eso no va a poder de momento ser.

_ Casi tres años, te parece que ha sido poco el tiempo que ha esperado. ¿Que lo quería todo ya? Si no la has dado nada.

_ Esto no podía seguir, yo no estoy bien, y no la puedo dar hoy por hoy lo que ella necesita. Solo deseo que sea feliz.

_ Qué hacemos con tu ropa, ¿cuándo te la doy?

_ Ya quedaremos un día. Te tengo que dejar, tengo que volver al trabajo. Y no voy a decir LO SIENTO, ya sé que no te gusta. Pero no estoy orgulloso de lo que ha pasado.

_ Adiós Javier.

Esa noche cuando Sonia salió de trabajar, y la conté lo que pasó, tuvo que quedarse en casa con nosotros, no podía ni dejar de llorar ni apenas conducir.

Al día siguiente sábado, la lleve a su casa después del trabajo, la aconsejé que se lo contara a dos vecinas con las que tiene muy buena amistad, a una de ellas la conocemos desde que Sonia era pequeña, y la otra es una buena vecina de la urbanización.

Iba a pasar una mala racha, y necesitaba allí a personas que estuvieran con ella, apoyándola, y conociendo el porqué de su cambio de humor. Y por supuesto encontró esa ayuda. Tomamos un café, la animaron un montón, la entendieron y me aseguraron que no iban a dejar que se hundiera. Que la obligarían a bajar a la piscina, a ir a todas las fiestas.

Sonia no dejaba de llorar mientras les contaba todo, y el temor que tenía de no poder superarlo, si encima se venía a vivir allí, todavía no sabíamos si iba a conseguirlo. Pero en ese momento nos enteramos...una de las amigas sabía que el día 11 de Mayo había firmas de escrituras en la notaría, y su nombre figuraba en el listado.

El anuncio de su piso, publicado en un portal de compra y venta por internet, aparecía con el cartel de ¡Vendido!

Ni se lo había contado a Sonia, hasta el último día, la estuvo diciendo que no tenía comprador, que no llegaba a tiempo para la firma del nuevo, que iba a perder los 3000 euros que dio para la señal.

Cada día que discutían Sonia le hacía ver la locura que iba a hacer con vivir al lado de ella, si al final todo salía mal. Él siempre la decía que no se preocupara, que seguro que no iba a pasar. Si por casualidad tenía suerte y podía llegar a comprarlo, él iba a vivir en el de Sonia con ella y el otro lo podía alquilar.

Yo la pregunté un día a Sonia, si habían hablado de compartir los gastos del piso, pues la veía agobiada y que tenía que trabajar en dos sitios para poder pagarlo todo. Que sí que lo haría...pero en la cuenta en común que abrieron, todavía estaba solo lo que ella ingresó.

Ahora ya sabíamos de su intención.

Sonia se sintió peor cada momento que pasaba, cómo le iba a tener en el portal de al lado. Como iba a poder superar esto. Si iba a tener que estar viéndole por allí.

Como iba a ser capaz de estar en su casa, en su cama, sola, sabiendo que él estaba a pocos metros, sin querer verla, sin que fueran ya nada.

La cabeza la fue traicionando, no dejaba de darle vueltas, la angustia cada vez era más grande, y sufrió otro ataque de ansiedad y pánico, tuve que llevarla a urgencias, echa un trapo, agachada, pequeña, temblando, querían dejarla ingresada, pero era domingo y no había psicólogos. La pusieron relajantes y me la traje a casa. Hasta la doctora que la atendió, empatizó con ella de verla tan mal. El diagnostico fue un cuadro depresivo por posible maltrato psicológico. Todo el personal la trató fenomenal.

Ella seguía sin respuestas a tantas preguntas. Pero a mí ya lo único que me importaba era que desapareciera de una vez de su vida. Verla tirada en el sillón de urgencias del Hospital, con una vía puesta con tranquilizantes, sin dejar de llorar...me rompió en pedazos. Y le escribí a Javier el último WhatsApp.

Le dije que no volviera a entrar en la vida de Sonia, que la dejara tranquila, que evitara el verla por su nueva casa, y que estaba en el hospital.

Contestó con su frase preferida...LO SIENTO.

En ese momento yo también le bloquee, Sonia tardó unos días más en hacerlo. Pero no volvieron a hablar más.

Al día siguiente, lunes, su doctora la dio   la baja laboral. La vio tan mal, que la aconsejó ir a pedir asesoramiento al Centro de la mujer, o llamar al 016. Pues tenía que informarse de cómo actuar.

Y llegó el día 11 de Mayo, y el cabrón firmó el piso, y fue acompañado de su padre, y tan feliz y contento de haberlo conseguido, y con su mismo rollo y labia de siempre. Y haciéndose el simpático. Y contando que no había salido bien la relación con Sonia, que lo habían dejado, que son cosas que pasan, y el padre metiendo mala baza, defendiendo a su hijo claro. Todo esto nos lo contaron. Es bueno tener amigos en todos los sitios.

Ese día fue gris, estuvo lloviendo mucho, pasamos por el chalé de los padres, teníamos las cosas de Javier en el maletero del coche, lo saqué todo de los armarios de su casa, para que no lo viera más allí Sonia. En tres grandes bolsas. Pero no nos atrevimos a llamar, y nos volvimos de nuevo hechas una mierda a casa. Otra vez con sus putas mierdas en el maletero. Añadiendo más dolor y sufrimiento. Teniendo que ver sus trapos.

A Fernando, le contábamos lo ocurrido, aunque intentábamos disimular tanta pena, él lo notaba y lo sufría igual. Yo creo que, si pudiera andar, más de una vez había ido a encararle o peor aún, a soltarle un par de ostias.

Llamé a la Asistente Social, del Centro de ayuda y asesoramiento a la mujer, la conté en la situación que se encontraba mi hija, y nos recibió ese mismo día. También reconozco que me vio a mí bastante mal por el teléfono.

Para Sonia fue difícil contar o resumir los tres años, pero la entendió muy bien. Lo relató serenamente, y explicó cómo se sentía, por lo que había pasado, las situaciones indignas que había sufrido, las faltas de respeto, los abandonos sin ningún motivo, los engaños, la crueldad de trato, y lo peor ahora, el pánico que la paralizaba sabiendo que le iba a tener viviendo en su urbanización. Y la Asistente Social la entendió perfectamente, acostumbrada a oír casos de mujeres asustadas.

La dijo que podía poder una denuncia, que, aunque ese tipo de maltrato es difícil de probar, existe. Que iría una patrulla de la policía a su casa a detenerle, que le pondrían unas esposas y se lo llevarían a la comisaría.

Sonia ante esa visión, se puso a temblar, ¿cómo iba a hacerle eso a Javier? ¿Cómo iba a darles ese disgusto a sus padres? Y eso que todavía ni los conocía. No pudo pensarlo, no podía hacerlo.

Tomó la Asistenta Social, nota de todo. La dijo que estaría siempre a su disposición.   Que, si sabía algo de las otras mujeres, que estaría bien saber si las pasaba lo mismo a ellas. Que incluso el nombre de Javier...la sonaba.

A Sonia se le encendió una alerta.

Todo el día era hablar de lo mismo, no salíamos del tema, era una gran obsesión lo que tenía Sonia, por no saber lo que le pasaba. Tan pronto le creía, tan pronto se le venían a la cabeza situaciones que la provocaban dudas, como la mañana de mediados de Febrero, que se levantó Javier pronto, diciendo que se iba a Cercedilla a comer con su familia, eran las 10 de la mañana, y Sonia se enfadó por que se fuera tan pronto, y encima que ella ni podía ir, no había sido invitada, claro si todavía no la conocían.

Se quedó en casa sola y cabreada como una mona, y a las dos de la tarde, bajó a casa a comer con nosotros, paró en una tienda del pueblo a comprar el pan y cuando volvió al coche, vio pasar a Javier con el suyo justo al lado, la vio, la saludo con la mano, ni paró, como cuando saludas a algún conocido, del que no sabes nada de su vida, o a veces ni su nombre. Y siguió sin parar, y Sonia se quedó perpleja, de ver que ni se detuvo a ver que la pasaba, o si ya se la había pasado el cabreo, y no se lo podía creer, y la hora que era y estaba aún en el barrio, y que iba alguien con él, en el asiento de al lado, no la vio bien, pero era una mujer. Y aunque era rubia, no era su madre.

Por la noche lo arregló diciendo que era su cuñada, que la había recogido en la estación del tren, que no tenía coche... y que llegaron tarde a comer a la Sierra, normal.

Y seguía recordando cosas, y mentiras y pilladas, de las que siempre sabia salir.

Y los celos y el ya no creerle, despertaron todas sus alarmas, y necesitaba algo de verdad, después de tres años, y tomó una decisión, si o si iba a ir a hablar con los padres al chalé.

12 DE MAYO DE 2017.

Otra vez dentro del coche, sin saber cómo lo íbamos a hacer, pero Sonia no iba a descansar, hasta no saber que le sucedía a Javier.

Llegando al chalé, tuvimos la suerte de ver que el padre estaba fuera, subido a una escalera, poniendo una malla sobre un árbol frutal, que sobresale hacia la acera, aparqué enfrente. La dije a Sonia que se quedara en el coche, que hablaba yo con él, para que no se pusiera nerviosa, yo lo estaba seguramente más, nunca en mi vida me he visto en una situación así, pero tenía que quitarla ese mal trago a ella.

Bajé del coche y me dirigí hacia él, le saludé y le pregunté si era el padre de Javier, me miró desde arriba y me preguntó que para qué, le dije que era la madre de Sonia, la novia de su hijo, y que teníamos un problema.

Se bajó de la escalera y empezamos la conversación, yo tranquila, el tenso, estaba a la defensiva, sin querer hablar de nada, que de problemas ninguno, que no sabía nada del tema, que ni siquiera conocían a Sonia, yo le dije que yo a su hijo sí le conocía, que llevaba viviendo 15 días en casa de mi hija, y que la había dejado otra vez, sin motivo alguno, y que tenía la ropa de él para devolvérsela.

Sonia bajó del coche, en mi vida me la hubiera imaginado tan madura, respetuosa y serena, como en ese momento, yo sé que ella es así, pero en esa situación, dudaba de su fortaleza.

Le saludó, diciéndole que sentía mucho que tuviera que conocerle en ese día, y no mucho antes, como hubiera deseado y rogado tantas y tantas veces a su hijo, que llevaba tres años saliendo con Javier, y que a día de hoy ni sabía nada de él ni de su familia. Que estaba preocupada por él. Que había conocido a su otro hijo y a su nuera, que eran encantadores y la trataron muy bien. Que no quería que su mujer se preocupara y que esperaba que se encontrase bien. Que quería mucho a Javier, a pesar de lo que llevaba sufrido, que apenas conocía de dos ocasiones a sus amigos, y que a ellos no les podía preguntar nada, pues no la ayudarían. Que tenía intención de formar una familia con su hijo, que le había ofrecido su vida, su casa. Que a pesar de que la había engañado durante todo un año con otra, le había perdonado. Le preguntó al padre si él conocía a la tal *E.* a *V.* a *N.* y que ya sabía lo que había pasado con su novia de toda la vida. Que dónde estaba ahora que había vendido su piso, y el pavor que tenía de saber que iba a vivir donde ella. Que la ha estado ayudando y montando cosas en la casa desde Octubre que volvió y haciéndola creer que vivirían juntos. Que la ha dejado sin ilusiones, y sin saber el motivo....

Todo esto lo fue hablando con el corazón en la mano, las palabras la salían con amor, no con odio, estaba pequeña, encogida, pero yo la veía grande, muy grande, se estaba por fin desahogando y recuperando el alma.

El padre la dijo que el piso lo compró a pesar de que le dijeron que no lo hiciera, que no se preocupara, que él en su piso y ella en el suyo, no tenía por qué pasar nada, que ellos tenían dinero para comprarle 20 más, si quería.

Yo le dije que tenían mucha suerte, pero que Sonia tenía que trabajar 30 años para pagar el suyo y no podía irse a otro y lo iba a pasar mal.

Dijo que antes era un chico excelente, que no sabían que le había pasado, desde la enfermedad de su madre había cambiado mucho y estaba mal con todo.

Entonces le dije, que nosotras también sabemos por desgracia de enfermedades, que Fernando, mi marido, estaba en una silla de ruedas por una enfermedad que sufría desde hacía 27 años, cuando yo estaba embarazada de Sonia, se la diagnosticaron, y a pesar de ello, no íbamos nunca haciendo daño a nadie, ni estábamos enfadados con el mundo.

El padre de Javier, se fue ablandando, cambió su tono del principio, empezó a contar que no sabían que le pasaba a su hijo, que ni Javier sabía lo que quiere, que a la madre ni la hablaba casi, que ya no era el chico cariñoso de antes, que no estaba en casa de ellos, que a veces iba, pero se subía a su habitación y ni les hablaba, que le veían siempre hablar por teléfono con unas y con otras, y que el mismo padre le reprochaba el que contara algunas cosas a esas chicas, que le llamaban varias allí a casa, que conocían a la tal *E.* a la *N.* no sabía muy bien quién era, y la *V.* era la hija de su antiguo jefe, pero que serían solo amigas.

Que había sido siempre un hijo muy bueno, un chico religioso, atento con todos, pero últimamente no estaba bien. Que discutía también con su hermano cada dos por tres, y que estaban muy disgustados de las cosas que hacía y de cómo era.

Sonia también siguió abriéndole su corazón, empezamos a entender el sufrimiento de ese padre, y yo creo que él también entendió el nuestro, la conversación se relajó, se volvió preocupación por parte de los tres hacia Javier, y la pena por no saber cómo ayudarle, nos hizo llorar sin ninguna vergüenza y al unísono.

Le dijimos que teníamos las cosas de Javier, que, si se las podíamos dar a él, y el hombre vino hacia el coche a por las bolsas, y volvimos a llorar, y le deseamos que fuera todo bien, que esperábamos que mejorara de una vez todo, y que cuidara mucho a su mujer. A la que llegado este momento era mejor ya ni conocerla, y ahorrarla el disgusto.

Nos fuimos para casa, tristes, pensando en lo que había sucedido, en lo que habíamos hablado y en cómo, nos dio lastima el padre, nos dio lastima como había acabado todo, nos dio lastima los tres años pasados, nos dimos lastima nosotras mismas.

Nos habíamos desecho de las bolsas de ropa que tanto dolor provocaban en Sonia, pero volvimos con más bolsas llenas... de pena, dolor, miedo y las mismas dudas.

Sonia se empezó a angustiar, recordando la conversación, se dio cuenta de que el trato de Javier con su madre, no era como él lo contaba, si no pasaba tiempo con ella, si no iba ya tanto por casa, y se hizo una pregunta... ¿con quién estaba todo el tiempo que no estaba conmigo, si siempre me ponía de excusa que tenía que estar con su madre?

Mi preocupación en ese momento era otra, y si ahora se sentía acorralado, o se enfadaba por haber ido a casa de sus padres y haberles contado la situación de su hijo, y tuve miedo de su posible mala reacción y además mi hija estaba en casa sola, y conocía sus lugares de trabajo, y sus horarios de entrada y salida y encima ahora podía entrar cuando quisiera en la urbanización, pues también era ya la suya, o asustarla en el garaje, o esperarla en la escalera, o en el rellano de la puerta de su casa... y me acojone de veras.

Realmente después de tres años, nos dimos cuenta de que ni Sonia ni yo le conocíamos. ¿Quién era Javier? o peor aún ¿Qué era?

199

¿Quién podía sacarla ya de esta obsesión? Necesitaba alguna verdad, algo que para bien o para mal, la ayudara a pasar página, todo se había quedado inconcluso, todo seguía en el aire, sería una más de tantas veces que lo habían dejado y luego volvería cuando él quisiera, no tenía ni el teléfono del hermano, ni de ningún compañero de trabajo, que por cierto aún ni conocía, y a un amigo al que pudo localizar por Messenger, la dijo que pasaba del tema y que él no quería meterse en nada, no tenía otra alternativa, le preguntaría a sus ex, y busco en el Facebook de Javier, entre sus amigas.

Y allí estaba *N.* estaba *V.* y había dos *E.* y a través de Messenger, les mandó un correo, solo a dos, a *N.* y a *V.* que fue esta con la que estaba wuaseando la noche del 1 de mayo.

Se presentó como la novia de Javier, desde hacía tres años, y que las pedía como amigas de él que eran, que la ayudaran a saber que le pasaba y poder entenderle. Si era verdad que eran solo ex, o las tenía también en un engaño. Que la entendieran cómo se sentía y que por favor la dijeran algo.

No hubo respuesta.

Sonia pidió el alta médica a los 5 días, la doctora no quería dárselo, no estaba bien, pero ya estaba preocupada por los compañeros de la clínica, y de la escuela, sabiendo que tendrían más trabajo asumiendo su ausencia, y empezó con un bajón tremendo en el ánimo y con un montón de urgencias en la clínica.

Ese fin de semana, volvió a irse a su casa, me llamaba al salir, me llamaba al llegar, estábamos con el corazón en un puño, pero por allí no le vio, ni paso nada.

Yo cada vez que tenía que ir a su casa, lo pasaba fatal, dejamos de encontrarnos a gusto y tranquilas, con miedo de encontrarle, con miedo de tenerle enfrente, mirando a todos lados. Me invadía la tristeza de ver que ni Sonia era feliz ahora allí, que estaba obligada a vivir sola con sus gatos, que nada había salido como todos esperábamos, y que ella todavía seguía confiando en que todo se aclarara y la causa fuera algo razonable.

Me volvía a casa llorando en el coche, veía por allí a todas las parejas de jóvenes, decorando con ilusión sus casas, empezando una nueva vida juntos, con alegría, con amor y esperanzas.

Y el dolor siguió durante días, y meses y añadirlo a mi depresión, no me ayudaba en nada, y el tener que sacar fuerzas para animar a Sonia, cuidar de Fernando y las casas, se me hacía muy cuesta arriba.

Dos días después, recibió la contestación de una de las chicas, era **N.** la decía muy cortante, que no sabía de qué la hablaba y que no quería saber nada del tema. Por supuesto no insistimos, pero esta era la que vivía ya en pareja con un tío, que, en su propio perfil de Facebook, ponía que tenía una relación abierta, y que, según las notas del famoso cuaderno de Javier, pensaba en tener ya familia, que era empática y que a él le apoyaba mucho. Normal que la tía no quisiera remover la mierda.

_ Mamá, no me lo puedo creer, me ha dado un vuelco el corazón, me ha escrito por Messenger la otra chica, es *V.* dice que quien narices soy yo, que qué la estoy contando, que la dé alguna prueba.

_ Sonia, por favor ten cuidado.

_ La he dicho que esto es muy difícil para mí también, que llevo con él tres años, y que él me ha asegurado que con ella tenía una amistad de exnovia, pero que le pille todo, el día 1 de Mayo y que hay más chicas....

Dice que no me conoce, y que, si no la mando fotos, no va a hablar conmigo.

_ Sonia, a ver qué cuentas.

_ La digo que soy del barrio, que él también es de aquí, y dice que no me cree. Que de que cojones le conozco.

_ Pues vaya cabreo que tiene la chica.

_ La he dicho donde vive Javier y donde trabaja. A ver que me contesta...jaja que si es una broma dice. Que no puedo decirle a una persona lo que la he dicho, sin más explicaciones y pretender que sin más me crea. La he contestado que yo solo la estoy contando mi situación, y que también quiero saber si está con ella. Puff dice que corta conversación, que no quiere hablar si no mando las fotos.

_ Madre mía, pues no sé si te va a ayudar.

_ Ya la he escrito hasta los nombres de sus padres y donde tienen el chalé, y donde trabaja... ostias mamá me dice que no quiere que la cuente nada más.

_ Una prueba de qué, bastantes datos las estas dando ya.

_ Que la mande una foto, dice.

_ Sonia, no lo hagas, tampoco nosotras sabemos bien quien es ella, y no podemos mandar una foto de una persona por WhatsApp sin su permiso. A ver si nos metemos en un lio, con lo que tenemos ya encima hija.

_ Que la mande una foto o no me cree, insiste. La he dicho que no. Que, si quiere que la de más pruebas, que me llame por teléfono y hablamos. Espera a ver que dice...que no quiere hablar conmigo. La he dicho que no la mando fotos, pues no quiero líos, que sé que él estará enfadado conmigo y me da miedo su reacción. Que solo la he escrito para saber la verdad y si también está ella engañada si sigue estando con él. Que cuando quiera y pueda quedamos y la enseño todo. Que la puedo demostrar que lo que digo es la verdad, que para mí ha sido un gran palo, y que estaba viviendo conmigo ya en mi casa. Que tengo miedo porque creo que le he descubierto y se lo he contado a su familia. Que lo siento de verdad, que se tranquilice y que me parece que somos dos víctimas...

Me pregunta que donde está mi casa, la he contestado que no la voy a dar mi dirección, que, si no me cree, ya no puedo hacer más, que solo he contactado con ella, porque he sido su víctima y creo que somos más. Que le pillé porque le vi una conversación en el WhatsApp con ella el día 1 de Mayo, en el que ella le decía "No te importo" con un emoticono de cara triste y que él le contestaba "si me importas" y con besitos. Que se remonte a sus WhatsApp de ese día y vea que la digo la verdad...

Acaba de contestar: ¿Dónde quieres que nos veamos?

_ ¡Ay Dios mío Sonia!, qué situación.   Esto es muy duro, ¿vas a poder con ello? Que sea en un sitio público, yo sigo teniendo miedo de que se presente él.

_ He quedado al salir del trabajo, a las 21:00 en el Centro Comercial, en la puerta del Burger, ¡te vienes conmigo eh!

_ Si, sola no te dejo. Te espero a la salida de la clínica. Ya se me ha subido la tensión.

_ Pues yo ni te digo....

_ Tu llevas las fotos en el móvil, yo te cojo de aquí, el contrato del Banco de apertura de la cuenta corriente que firmasteis en común. Más prueba que esa...

_ Si, y a ver si me aclara de una vez por todas si es ex... o no.

_ Vaya marrón hija, vaya marrón.

En el camino hacia el Centro Comercial, pasaron mil preguntas, mil sucesos, mil conversaciones, mil dudas, mil deseos, por nuestra mente. Cómo íbamos a empezar la charla, como nos recibiría esa persona, como nos iba a creer todo lo que ni nosotras ya nos creíamos. Como resumir lo pasado durante tres años, como hacer que esa mujer nos entendiera, como iba a terminar todo esto.

Allí estaba ella, con semblante duro y serio, acompañada de dos amigas, cuando nos vieron llegar noté como la cogieron por los brazos, creo que la flojearon las piernas, días después nos reconoció que cuando vio a Sonia llegando conmigo al lado, supo que todo lo que iba a oír era verdaderamente cierto, y la fallaron las fuerzas.

Y el saludo no fue para nada tenso. Éramos cinco mujeres, que esperábamos respuestas. Yo excusé mi presencia allí, las expliqué que el estado de ánimo de Sonia no era bueno y me preocupaba sus consecuencias, igual que entendimos nosotras que su necesidad de ir acompañada, se debía a que la cosa iba a ser seria, a la primera pregunta que teníamos que hacer, ya sabíamos la respuesta, seguro que no era una ex.

Primero empezó a hablar Sonia, calmada, con dolor, con pena, con todo el respeto del mundo hacia ella, con una empatía asombrosa. Las dijo el nombre completo de Javier, y las mostramos el contrato del banco, explicó paso por paso lo que había sufrido durante tres años, la preguntó si había oído hablar a Javier de ella, si la había nombrado alguna vez, aunque fuera como a una amiga, ella no tenía ni idea de su existencia, ni la de las otras dos.

Entonces Sonia la dijo que ella si sabía algunas cosas, Javier la había contado que era la hija de su antiguo jefe de la empresa, que el hombre murió hace unos años, que tenía muy buena relación con la familia, y que de vez en cuando iba a verlos al pueblo, que es profesora en un colegio del barrio y que solo es una buena amiga.

V. seguía seria, sin hablar, mirándonos y cada vez más sostenida por sus amigas, ellas la miraban también y notábamos que cada minuto que pasaba, estaban más preocupadas por ella.

Sonia siguió hablando cada vez con más seguridad, con más claridad, con más tristeza, asumiendo que hoy acababa todo, aunque ya hacía tiempo que en su interior sabía las respuestas, había llegado el día de verlo todo claro, de abrir los ojos, de ponerle a todo un nombre, de romperse el corazón en un último pedazo.

La preguntó si conocía donde se había comprado el piso él ahora, que en la misma urbanización estaba ella viviendo, entonces *V.* abrió la boca y la salió un hilo de voz, y dijo el nombre del barrio. Que la había llevado por Navidades a ver los alrededores y que de lejos la señaló cual iba a ser su nuevo piso, pero que aún no sabía cuándo firmaba las escrituras y la entrega de llaves...la dimos nosotras la noticia, ya lo tenía firmado.

Las amigas eran ahora las que se iban quedando sin voz. Sonia tuvo que decirla que llevaban quince días viviendo juntos, antes de pillarle el famoso cuaderno, y llegó la hora de hacerla la primera pregunta

_ ¿Eres solo amiga, como me jura Javier?

_ Soy su novia desde hace cuatro años. Puedes por favor enseñarme una foto suya, todavía me cuesta creer que es el.

El móvil la mostro la peor imagen que deseaba ver. *V.* llorando sacó el suyo y nos mostró una foto de ellos juntos, abrazados, en un parque natural del norte, con pingüinos en el fondo, en semana santa de este último año, entonces la que empezó a llorar fue Sonia, buscó en el suyo otra foto de él, solo, en un parque natural del norte, con pingüinos en el fondo, en una de sus famosas escapadas para pensar y estar solo, para ver si se encontraba consigo mismo, por indicación de su psicólogo y desde donde la escribía que la echaba mucho de menos, que todo la recordaba a ella, que a la vuelta ya sería todo estupendo. Y os aseguro que en ese momento nos unimos las cinco en un llanto desconsolado. Si había gente a nuestro alrededor ni nos importó, ni lo notamos. Como era capaz este tío de tener tanta sangre fría, de ser tan maligno,

Nos dijo *V.* que le vio hacerse esa foto con el móvil él solo, que le preguntó porque se la hacía y la dijo que era para su madre. Y que eso lo hacía a menudo. No podíamos parar de llorar, yo recordaba cómo había tenido que ver a Sonia sola, angustiada, en esa semana santa y en todas las santas semanas, preguntándonos preocupadas cómo estaría él solo por ahí, donde comería solo, donde dormiría solo, por dónde paseaba solo...solo... y unos cojones.

Cuando pude empezar a hablar de nuevo, la dije que lo sentía mucho, que tampoco se merecía lo que había pasado ella, pero que por fin me alegraba de algo, y era que esa persona saliera de sus vidas. Eran dos chicas guapas, jóvenes, estupendas, con mucho bonito por vivir y que habían desenmascarado al monstruo que se lo impedía.

Que nadie se merece este daño, ni vivir una relación en la que todo es un engaño, ni que te maltraten de esa forma, ni que te quiten todas las ilusiones.

Cuando las dos fueron conscientes de lo que estaban descubriendo, se abrazaron y no paraban de llorar. Fue el único momento que *V.* se soltó de los brazos de sus dos amigas, para sujetarse en los de Sonia, y cuando pudieron continuar hablando, lo hicieron sin soltarse de las manos, como unidas para darse fuerzas, al fin y al cabo, habían tenido algo en común, haber amado al mismo hijo de puta.

Nosotras observábamos la escena, ahora eran ellas las protagonistas, en una función de tragedia griega. No teníamos ya palabras de consuelo, ni consejos que darles, ahora unidas eran fuertes y débiles a la vez, eran dos mujeres, dañadas, pero mujeres, y se entendieron a la perfección.

V. la contó cómo había empezado su relación con él hacía más de cuatro años, fue cuando murió su padre, y fueron todos los compañeros del trabajo al entierro, se aprovechó de su tristeza, y que tampoco había tenido mucha suerte en la vida y en su última relación fue víctima de maltrato. Se presentó como el príncipe encantado, el que la iba a tratar como a una reina, el que entendía su pena y la ofrecía todo su apoyo, y después poco a poco se fue alargando todo. No llegaba nunca a comprometerse, ella era mayor que Sonia, y sentía que se la estaba pasando la edad para formar una familia.

Hacía tiempo que estaba ya un poco desencantada, pero tenía un enganche con él y seguía enamorada, a pesar de todo. Sabíamos muy bien de lo que hablaba.

Siguió contando, que desaparecía cuando estaba agobiado, pero luego volvía y la invitaba a algún viaje, o se presentaba sin avisar en su trabajo, o en casa de su madre, o al pueblo y volvían a intentarlo.

La relató viajes a Asturias, a los mismos sitios que había llevado a Sonia, a unas bodegas que le gustaban, y más de lo mismo, a un viaje para hacer un curso de buceo, y ahí Sonia, soltó un taco ¡Que cabrón!, yo le vi esos dos billetes un día en su casa, y cuando le pregunté para cuando íbamos a ir, me dijo que no eran para nosotros, que era un regalo para su hermano. Y otro día que le pillé unas entradas para un spa en un hotel, me aseguró que le había estropeado la sorpresa, luego pasó el tiempo y nunca fuimos...

_ A ese fue a mí a quien llevo.

_ ¿Has llegado a conocer a su familia?

_ Al hermano si le he visto algunas veces, a los padres les conocí el día que operaron a Javier, no quería que fuera al hospital, pero allí que me presenté. Les he visto un par de veces. Al chalé nunca me han invitado, eso parece una cueva siniestra donde nadie entra.

Él conoce a toda mi familia, a mis hermanos, a mis amigos, yo conozco a sus compañeros del trabajo, algunos me siguen tratando aún después de la muerte de mi padre. Yo algunas veces voy a verle al trabajo, mi colegio donde trabajo está enfrente. Él ha venido muchas veces al pueblo con mi madre, yo no he ido nunca al suyo.

_ A mí ni me dijo cuando le operaron, me enteré dos días después, ahora entiendo por qué claro. De que iba al pueblo a veros si tenía yo constancia, pero él me contaba la historia de otra manera claro, que le daba pena tu madre y se había preocupado mucho de que estuviera bien y que pasaba algún fin de semana en el pueblo con ella. Incluso me ha mandado fotos comiendo cocido allí.

_ Si, ha pasado con nosotros muchos fines de semana.

_ ¿Sabes que está yendo a un psicólogo? ¿No sabrás dónde es?

_ Sí, creo que le he visto una tarjeta por casa, lleva 15 días viviendo en mi piso.

_ Yo la última vez que le vi, fue el día 1 de Mayo, el famoso día de la bronca, estuvimos discutiendo en plena calle, hasta las tres de la mañana.

_ Pues a las tres y media entraba en mi casa, vivo lejos de aquí, me desperté y le dije que de dónde venía a esas horas, me dijo que se aburría en el pueblo con sus padres, que me empezó a echar de menos y que quería estar conmigo. Se acostó y yo emocionada me entregué a él. No le note mal, ni disgustado, estaba como siempre, incluso al día siguiente me llevó a comer a Segovia y está muy bien conmigo. Lleva días seguidos viviendo en mi casa.

_ Que monstruo es capaz de hacer algo así, destrozar la vida de una persona y minutos después estar en los brazos de otra, no entiendo tanta crueldad. Y claro ahora tiene que buscar otro piso donde vivir. El suyo ya lo ha vendido. Y por lo que veo tampoco esto lo sabías.

Las dos amigas de *V*. la preguntaron que iba a hacer, ellas no iban a permitir que estuviera sola con él en casa, o cambiaba la cerradura o se iba a dormir con alguna de ellas. Y de pronto sonó su móvil y dijo temblando que era él. La mandó un WhatsApp preguntándola donde estaba y a qué hora llegaba a casa, que él ya estaba allí.

Temblaban sus manos aferradas al móvil, y Sonia empezó también a temblar, la volvió el dolor al pecho, al recordar cuantas veces había esperado sus WhatsApp al salir del trabajo, y ahora veía que se los mandaba a otra. Con qué facilidad la había sacado de su cabeza, con una rapidez que espantaba, sin embargo, ella no lograba sacarle de la suya.

Le contestó que llegaría en breve.

No sabía cómo iba a enfrentarse a él, y tampoco sabía cómo iba a decírselo a su madre, y lo peor, a sus hermanos. A la madre intentaría contarla poco, la mujer estaba delicada, pero tenía miedo a la reacción de los hermanos. No iban a dejarlo pasar, no iban a consentir que otro cabrón la estuviese chuleando, y mucho menos el haber utilizado el momento de la pérdida de su padre. Eso era sagrado.

Ya era tarde, y reconoció que no tenía fuerzas para hacer algo, esperaría a mañana, inventaría alguna excusa para no verle esa noche y mañana solucionaría el tema. Por supuesto iba a dejarlo.

Agradeció inmensamente a Sonia, lo que había hecho por ella, la dijo que nadie en la vida la había hecho semejante regalo. Mañana era su cumple, y no lo iba a olvidar. La había salvado de las garras de un loco.

Las amigas la dijeron a Sonia, que había sido muy valiente, que estaban de su lado, que esperaban que también ella lo superara pronto, y que, si alguna vez necesitaba algo, ahí iban a estar.

Nos abrazamos todas, no besamos, ya no había dudas, ya estaba todo claro. Había pasado una hora y media, terrible, dolorosa, y muy triste, pero vi a Sonia, después de mucho tiempo, respirar hondo, y el aire entró en sus pulmones.

Se dieron consejos las dos, y con la promesa de intentar superarlo, se fundieron en un largo abrazo. Las amigas la volvieron a coger fuertemente por los brazos y casi en volandas se la llevaron en dirección al parking...

Sonia se apoyó también en mí, y yo en ella y empezamos a caminar despacio, muy despacio.

Tuvimos la noche por delante, para hablar, para recomponernos, para terminar el puzle, para sentirnos mal, para sentirnos bien, liberadas, para sabernos engañadas, dolidas, crédulas, inocentes, gilipoyas, usamos la psicología, el cariño y el amor de una para la otra, la pena, las palabrotas, los malos recuerdos, la mala suerte de habernos cruzado en su vida y caer en sus redes, las lágrimas, los auto reproches por no haber salido antes de esto, por no haberlo visto venir, por empeñarnos en salvar a la gente, por no saber distinguir el mal, por saber que de esto saldremos por pertenecer al bien, supimos del daño que hace el maltrato psicológico, el que deja huellas que no se ven, pero que nunca desaparecen, cicatrices en el alma, que te borra la sonrisa, que te obliga a bajar la cabeza y caminar mirando al suelo, que te sienta en una silla y solo miras tus pies y quieres que pase rápido el tiempo y más tiempo, que te sientes la persona más desdichada del mundo, que ya no tienes un lugar bonito en él, que deambulas por la calle sin rumbo y esperando que nadie se fije en ti, que no quieres encontrarte con ningún conocido, por si te lo nota y te pregunta, que ni lo compartes con la familia para que no sufran por ti, nos sentimos víctimas, y culpables, tontas, usadas, aterrorizadas, abandonadas..., montadas las dos en el vagón de una montaña rusa de emociones, daba vértigo y nauseas.

El dolor que sentíamos era inmenso, el mío era por verla sufrir tanto, pero el que Sonia sentía era diferente, ella le amaba, se había unido en espíritu y en cuerpo a él y lo había dado todo durante tres largos años, con sus tres primaveras, sus tres veranos, sus tres otoños, y sus tres inviernos. Ella tenía desgarradas las entrañas y el corazón, y yo había vuelto a perder el alma.

Al día siguiente *V.* y Sonia volvieron a hablar por WhatsApp:

_Hola *V.* Soy Sonia, Quería preguntarte como estabas, yo no he pegado ojo e imagino que estarás destrozada como yo ¿hablaste ayer con él?

_Hola, acabo de mandarle un WhatsApp para dejarlo, le he escrito a Javier, diciéndole que no quería saber nada más de él, que no vuelva a aparecer por mi vida, que no le necesito para nada, que ya lo sabía todo, y que como intentara volver o ir al colegio o hablar con mi familia, llamare a la policía y le voy a poner una denuncia.

He pasado la noche fatal, con dolor de espalda y de cabeza.

_ Yo igual, me duele mucho la espalda, se me agarran ahí los nervios y tengo mucha ansiedad. No he dejado de dar vueltas a toda la conversación de ayer y de darme cuenta de que nos ha tenido igual de engañadas a las dos. Tengo un nudo en el estómago de ver lo que es capaz de hacer este ser...porque no es ni persona. Siento mucho todo y de verdad que no buscaba hacerte ningún daño *V*.

_ Lo sé, y te digo desde el corazón que gracias a ti las dos podemos hacer una vida de verdad y ser por fin felices, un cabrón como este no puede bloquearte, ya me lo han hecho anteriormente y no pienso volverlo a permitir.

_ No podía permitir más engaños. Yo creo mucho en la justicia, en la verdad y en la honestidad y son valores que me los ha arroyado y pisoteado.

_ Sabes, lo que más me duele es que haya utilizado a mi padre para hacerme sufrir de esta manera. Tus valores son buenísimos y nunca sabré como agradecerte lo que has hecho por mí, lo que quieras o necesites aquí me tienes, solo nos conocimos un rato, pero te debo mucho. Ha sido mi mejor regalo de 37 cumpleaños. Espero que no te moleste más este ser, si lo hace me lo dices y te ayudo como sea. Tengo una amiga que el lunes me dijo que tenía que dejarle, porque en sus ojos veía un trastorno obsesivo compulsivo, me lo dijo porque ella tiene a su madre con ese mismo trastorno y dice que su mirada era igual a la de Javier.

_ Yo tengo verdadero miedo, por tenerle ahora en mí misma urbanización. Su mirada ha sido siempre falsa. Y todavía no sé ni quienes son las otras dos chicas.

_ No puedes hacer más, Sonia, lo has intentado todo. Y a mí me has salvado de sus mentiras.

_ Te agradezco mucho lo que me dices, sé que dar noticias así no es agradable, pero has hecho bien en quemar los puentes, el intentará por todos los medios convencerte. Conmigo lo ha hecho varias veces y lo he pasado muy mal y así de tocada estoy.

_ Imagino que tuvo que ser difícil para ti, como lo fue para mí cuando empecé a leer tus WhatsApp, pero en cuanto te vi aparecer con tu madre, bueno y antes, supe que eras sincera antes de empezar a hablar. Estate tranquila, él lleva todo el día intentando hablar conmigo, y no lo va a conseguir. No voy a dejar que me manipule más y menos dándome pena.

_ Lo hemos pasado muy mal todos estos años, y no queremos ver a nadie más que pase por esto mismo. No te lo mereces, bloquéale si lo ves oportuno porque se volverá obsesivo...cuando somos nosotras las que le dejamos se vuelve histérico y no nos deja tranquilas. Hará lo que sea por convencerte y te pondrá todo lo que quieres en bandeja, y es todo mentira. A mí me lo ha hecho muchas veces y yo caía en su trampa por el enganche y la dependencia que tenía y cada vez estaba más anulada.

_ Tranquila que no lo va a conseguir. Yo llevaba tiempo diciéndole que no íbamos a poder tener familia, por mi edad y el ritmo que llevábamos, y lo de vivir juntos nunca llegaba. Y he pasado fines de semana sola y ahora no sé ni con cual le tocaba estar. Yo iba viendo que así no quería estar.

_ Que no te entre por la pena *V.* el mismo día de pillarle todo, se fue para tu casa a las 3 de la mañana tan frio como si nada, ha tenido los pocos escrúpulos de dormir un día con una y al siguiente con otra. Y por la mañana hacer la ronda de WhatsApp y dar los buenos días cielo a todas. No hay pena...está loco.

_ No, no hay pena, está muy mal. Cuanto más lejos mejor. Sí, la frialdad del día 1 me acojono cuando me enteré.

_ Yo tampoco era feliz, no me daba mi sitio ni he tenido respeto que es lo mínimo. El no tener ni siquiera respeto es el peor maltrato. Yo no puedo con las mentiras y es que saber que ha sido todo mentira desde el principio, me mata. Es de terror todo esto, y pensar que he tenido durmiendo en mi cama, al lado, a un psicópata, me espanta.

_ Sí, es terrible, la semana que viene a lo mejor me paso por el Centro de la Mujer, para decirles que soy otra de sus víctimas, para que lo sepan. Voy a intentar disfrutar este día y todos los demás, nos lo merecemos.

_ Si, pasa buen día. Me alegro mucho de haberte dado ayer ese abrazo. Siento que hice bien. Estoy contigo para lo que necesites. Si quieres desahogarte...estoy. Este hijo de puta ha ido a dar con buenas personas. Y ahora irá diciendo cosas de ti como hizo conmigo. Hablamos *V.* Feliz cumpleaños.

Siguieron hablando unos días más, *V.* lo iba superando más rápido, decidió pasar página para poder volver a recuperar su vida, sosegarse y olvidar. Sonia lo tenía mucho más difícil. Su edad, sus ilusiones de futuro, y todo el tema del piso, se lo hacía más cuesta arriba. Pero iba a intentarlo.

Ya sabíamos todo de ti Javier, ya nos enteramos de lo que eras capaz de hacer, ya descubrimos donde andabas en tus ausencias, ya entendimos tus negativas y largas a todo, tus infinitas excusas para no estar y tus falsas promesas para estar cuando querías, ya nos explicamos porqué siempre ibas con ropa y cosas de aseo en tu inseparable mochila, no sabías dónde acabarías cada noche durmiendo y con quien, pero todo esto nos dio miedo, ya pusimos nombre a tu problema, que no era tu madre como pensábamos, eres tú, la persona que daña sin remordimientos, la que engaña una y otra vez, la que no sufre con el dolor ajeno, la que abusa de las mujeres débiles, y estos síntomas indican lo que eres, un psicópata integrado.

Sé que no tienes emociones, que no las sientes, que las aprendes de verlas en la gente y las copias para que tu vida parezca normal, que pones toda tu atención para que no se te note, que eres muy inteligente, con una gran memoria, para contar con facilidad tantas mentiras, que te desenvuelves muy bien en la trampa y en el engaño, que rezumas maldad, que utilizas muy bien tu encanto y tu labia también aprendida, cargada de pena y de lastima ensayada para que te lleguen a abrazar, que buscas muy bien a tus presas, chicas que pasan por momentos de debilidad y las hueles las heridas, a veces te imagino ligando un sábado noche, no en un bar ni en una discoteca, si no en el tanatorio de la M30, entrando una por una en las 28 salas, o en la puerta de urgencias de algún hospital o de alguna clínica de psicología, como hiciste con Sonia. ¿Es así como tú te creces? Del dolor ajeno, de eso te alimentas. Que emocionante debe de ser tu mierda de vida, me recuerda a la ruleta rusa, con la adrenalina en niveles extremos, esperando a que todo te explote en la cara, con el subidón de estrés por si te pillan, con esa adrenalina que también necesitas, para poder sentir algo, aunque sea casi nada. Y de tu familia no sé qué pensar, si me dan pena por lo que les ha tocado vivir contigo, o los meto en el mismo saco, si es que ellos conocían tu problema.

Ya no te vemos encantador, guapo, adulador, magnífico, adorable, achuchable, Sonia te ha quitado la máscara, y eres un ser siniestro, das miedo y asco, tus ojos azules ya sabemos por qué no miran al cielo, y tu semblante rígido es el de un loco. Hasta el hoyo de tu barbilla da grima. Ya te conocemos Javier, ya te conocemos.

Han pasado ya unos meses, he tenido la desgracia de verte por allí en varias ocasiones, ya imagino que estas preparando tu piso para venirte aquí. Sonia también te ha visto de lejos, te ha pillado pasando por delante de su ventana y parar con el coche, tu puto coche rojo. Incluso algunos días has venido con otro, imagino que para pasar desapercibido. Se la sale el corazón cada vez que la rondas, cada vez que piensa en encontrarse contigo de frente. Me llama angustiada cuando te ve aparecer, aun de lejos te mira a la cara y se la revuelven las tripas. Y la vuelves a joder una noche por los nervios y los recuerdos. Y a mí también, sabiendo que está en su casa sola.

Sonia está mal, pero ha tomado la decisión más importante de su vida, ha decidido volver a confiar en el amor, esa es su esencia, volverá a intentarlo con alguien bueno, cuando sea, seguro que esa persona existe y también ha decidido volver a creer en la fidelidad, y en el amor incondicional y ha adoptado un perro. Es Nala, su Nala, una perrita abandonada de pequeña, en un pueblo de Toledo, que cuando la vio por internet, supo que era la suya, y allí que se fue a por ella, y las dos se adoptaron mutuamente. Fieles compañeras en los próximos años de sus vidas. Fieles muy fieles.

Me dijo que paseando con Nala, te vio en la terraza de tu piso y la saludaste con la mano, ella ni te contestó claro, tuvo que volver a las pastillas, los dolores de espalda se agudizaron. Nunca será tu veciamiga. Te lo pude yo decir a la cara dos días después, que me encontré contigo y tu padre, y andabais por recepción y los jardines de casa, me miraste con frialdad, y yo a ti con pánico. Te rogué que ni miraras, ni hablaras, ni saludaras a Sonia, que bastante mal lo estaba ya pasando, que ya sabíamos todo y la dejaras hacer su vida, si es que podía rehacerla viéndote ya por allí pululando. Que la respetaras y pudiera estar en paz. Que no pensases que en algún momento iba a ser tu amiga, jamás. Que solo la provocabas temor y asco. El hijo puta me contestó que más miedo la tenía a ella después de las dos bofetadas que le había dado en Mayo, lo dijo en voz alta para que lo oyeran los vecinos, y el padre se puso por supuesto de su lado. Me dijo que harían su vida, y que Sonia paseara al perro por otro lado, le contesté señalando toda la urbanización, que eso también era de mi hija, y que pasearía al perro por donde quisiera, como lo iba a hacer yo en un rato. Entonces le dije si les había contado a ellos, a sus padres, toda la verdad, se puso todo rojo y supernervioso y empezaron a temblarle las manos, como te temblaban cuando me estabas mintiendo meses atrás, en toda mi cara. Y se fueron pasando a mi lado, diciendo que tenían prisa.

Las piernas me flojeaban, la voz me temblaba, me puse muy nerviosa, pero llegué a conocerte más. Eras el diablo.

Te volví a ver dos meses después, te cruzaste conmigo en la calle, y me saludaste, me quedé quieta mirando a ver dónde ibas y al verme parada, volviste y me encaraste, con odio, echando los hombros para delante, pero no me achanté y te volví a frenar. Y pude decir lo que tantas ganas tenía de soltarte, ¡Sonia es feliz desde que ya no está contigo!

1 DE MAYO DE 2018.

Hoy nos hemos acordado otra vez de ti. Hace ya un año, sigues ahí presente, pero ya como un fantasma. No has ido de momento a vivir al piso, eso que nos hemos ahorrado, te vemos pasar por allí de vez en cuando, siempre solo, y te vas acelerando, quemando el coche, como alma que lleva el diablo, o vas camuflado en la moto con el casco, pero Sonia te reconoce, te ve y te pilla mirándola.

Hablando de motos, Sonia vendió la suya, la hacía falta el dinero y la sobraba el recuerdo de haberla comprado para acompañarte.

También canceló la cuenta que abrió contigo, la costó encima dinero e ir varias veces al banco, la cobraron comisiones por todo...y las pagó ella con tal de cerrar otro mal recuerdo.

Hemos pasado unos meses difíciles, muy difíciles, Sonia empeoró de su espalda, y hasta la despidieron del trabajo, al día siguiente de tener que coger la baja laboral. Ha pasado dolores, ha pasado por miles de pruebas, de médicos, de hospitales, han tenido que operarla, hemos pasado mucho, mucho miedo.   Pero a pesar de todo, es ahora cuando la vemos feliz, vive en su casa, con sus tres gatos y su perro, y su corazón se va preparando para volver a amar, pero ya sabe lo que tiene que buscar, una compañía, no una necesidad.

Y la han conocido en la urbanización gracias a los paseos que da con Nala, y ha hecho muchas amistades, y todos la quieren, y hasta los porteros están pendientes de ella. Y sale a pasear al parque con todos los perros, y disfruta viendo correr a Nala. Y queda con sus amigas para cenar, y van a su casa y ella a las de las otras. Y ha vuelto a estudiar, para asegurarse más su futuro, y se puede concentrar y tener la mente limpia y sana. Y la oímos reír, a carcajada, como cuando era una niña, y nos poníamos los tres a reír sin parar, por alguna chorrada, o por hacer boberías, antes de que un par de desgraciados nos quitaran las ganas.

La niña dulce, cariñosa, mimosa, hija única, pendiente, que ayuda y apoya, aunque te agobiaba, y que valora las cosas, es la que te ha desenmascarado Javier, y ahora sé a qué te referías cuando escribiste en tu famoso y revelador cuaderno, "que sus padres la han acostumbrado a cosas que tú no veías", pues era esa la clave de todo. Que ella sabe amar. Y tú eres y serás siempre incapaz de hacerlo.

Como en una tabla de madera, en la que clavas varios clavos a martillazos, aunque luego los saques despacio y con cuidado, utilizando unos alicates, se quedan las marcas para siempre. El clavo del engaño, el de las mentiras, el de las falsas esperanzas, el de la manipulación, las faltas de respeto, el de la infidelidad, las humillaciones, el del abandono...la van a dejar muchas señales.

No sé si te podre perdonar Javier. Más que nada porque ni siquiera lo has pedido. Yo no lo necesito, pero a Sonia se lo deberás de por vida. Recuerda que el último día que te vio, la seguiste engañando diciendo que ibas a arreglarlo todo, y que no desconfiara. Nunca más la miraste a los ojos para confesarla tu falsa vida. Los "lo siento" famosos, no valían de nada. El perdón se pide a la cara, cuando uno es un hombre. Deberías pedir perdón a tanta gente...

El temor que hemos tenido siempre su padre y yo a las enfermedades, ahora son una realidad y serán crónicas. Tantos años de stress han sido la causa.

Cada vez que veamos a nuestra hija sufrir dolores, veremos también tu imagen. Y la de Charly, el anterior hijo de puta, que, durante años, destruyó su autoestima, pero esa es otra muy triste historia.

Qué buena suerte tuviste Javier de cruzarte en nuestras vidas y que mala tuvimos nosotros. Y todavía me das pena. Qué tristeza pasar por este mundo para dejar solo daño. Te has querido esconder del mundo, pero no podrás hacerlo de ti mismo.

Te has borrado de todas las redes sociales, pero como imagino que seguirás contando mentiras por el barrio...tú mismo me has obligado a escribir estas líneas. Para recordar, para aclarar y para que todos aprendamos.

A los que tenemos

Corazón a veces se

Nos rompe, a veces

Nos duele...Pero

Yo lo prefiero a

Tener una piedra,

Porque cuando

Tengo momentos

Felices, me permite

Sentirlos y amarlos

Y me devuelven a la

Vida.

Paloma De Pablo.

Sé que fuiste tú, esa tarde le conociste, le pusiste por fin cara, te lo mostré delante de tu foto, en casa de tu hija, la foto hecha el día de su boda. Ibas muy guapa a pesar de lo estropeada que te tenía ya la enfermedad, pero tu hermosura no estaba en tu físico, la hermosura eras tú y tu vitalidad. Ibas vestida de verde, el color de la esperanza, la que siempre has tenido y nos has sabido transmitir. Esa misma noche, empujaste a Sonia hacia el despacho de su casa, la dirigiste la mirada hacia esa mochila, y a que pudiera leer lo que había escrito en ese revelador cuaderno. Ella misma lo dice, y eso que nunca ha creído mucho en estas cosas. Pero te sintió.

Siempre te he pedido ayuda, y te la seguiré pidiendo, seguiremos hablando a través del corazón. Gracias por todo Marga, gracias querida hermana.

FIN

Créditos.

Autor: Paloma de Pablo Pascual.

Título: Yo conozco a Javier... y ¿usted?

Printed in Great Britain
by Amazon

47670390R00139